FALANDO DE AMOR

Dados Internacionais de Catalogação na Publicação (CIP)
(Câmara Brasileira do Livro, SP, Brasil)

Falando de amor : uma escuta musical dos vínculos afetivos / Alfredo Naffah Neto (org.). – São Paulo : Ágora, 2006.

Vários autores.
Bibliografia.
ISBN 85-7183-013-4

1. Amor 2. Afeto (Psicologia) 3. Comportamento humano 4. Música 5. Psicanálise 6. Pesquisa psicológica I. Naffah Neto, Alfredo.

06-1858 CDD-150.195

Índice para catálogo sistemático:

1. Amor : Psicanálise : Teorias : Psicologia 150.195

FALANDO DE AMOR

Uma escuta musical dos vínculos afetivos

Alfredo Naffah Neto (org.)

Carlota Maria Oswald Vieira Zilberleib
Dorli Kamkhagi
Judith Vero
Leonardo Luiz
Paulo Roberto de Carvalho
Sonia Regina Vargas Mansano
Valéria Sanchez Silva
Vera Canhoni

EDITORA
ÁGORA

FALANDO DE AMOR
Uma escuta musical dos vínculos afetivos

Editora executiva: **Soraia Bini Cury**
Assistente de produção: **Claudia Agnelli**
Capa: **Alberto Mateus**
Coordenação editorial: **Miró Editorial**
Preparação: **Renata Del Nero**
Revisão: **Maria Aiko Nishijima, Cid Camargo**
Projeto gráfico e diagramação: **Crayon Editorial**
Fotolitos: **Casa de Tipos**
Impressão: **Sumago Gráfica Editorial Ltda.**

Editora Ágora
Departamento editorial:
Rua Itapicuru, 613 – 7º andar
05006-000 – São Paulo – SP
Fone: (11) 3872-3322
Fax: (11) 3872-7476
http://www.editoraagora.com.br
e-mail: agora@editoraagora.com.br

Atendimento ao consumidor:
Summus Editorial
Fone: (11) 3865-9890

Vendas por atacado:
Fone: (11) 3873-8638
Fax: (11) 3873-7085
e-mail: vendas@summus.com.br

Impresso no Brasil

"O que se faz por amor
sempre acontece além do bem e do mal"
(FRIEDRICH NIETZSCHE).

SUMÁRIO

APRESENTAÇÃO

De modo geral, o conjunto formado por um orientador e seus orientandos (num programa de pós-graduação) constitui, formal ou informalmente, um grupo de pesquisa, ou seja, ele de fato é tal grupo, mesmo quando não existe a estrutura de uma pesquisa-mãe, desenvolvida pelo orientador, da qual derivam todas as pesquisas-filhotes, desenvolvidas pelos orientandos.

Esse modelo, tão em moda nas ciências físicas e biológicas, é difícil de ser reproduzido na psicologia clínica – pelo menos, na psicanálise – especialmente quando o que se busca, seja no mestrado ou no doutorado, é o desenvolvimento singular de cada orientando por meio de sua atividade de pesquisa. Melhor dizendo: quando se acredita que não pode haver desenvolvimento do psicanalista-pesquisador sem haver, concomitantemente, desenvolvimento do psicanalista-clínico (capaz de buscar alimento teórico e metodológico para a sua função), e que tudo isso, por sua vez, depende diretamente do crescimento pessoal de cada orientando, ao longo dessa empreitada. Concluindo: é impossível realizar essa tarefa, cuja essência é a descoberta da singularidade do caminho de cada orientando (por ele próprio e pelo orientador), atrelando todos, *a priori*, a uma pesquisa-mãe escolhida pelo "chefe" do grupo. Pelo menos, é assim que penso.

Essa estrutura de pesquisa tornou-se eficiente nas ciências físicas e biológicas, porque o pesquisar envolve sempre procedimentos de laboratório, e estes, em geral – até mesmo por questões de economia – não podem abrigar uma multiplicidade de procedimentos técnicos diferentes. Também porque se trabalha sempre com procedimentos experimentais definidos *a priori* e passíveis de replicação por qualquer outro pesquisador. No caso da psicanálise, o laboratório é a própria clínica e, nela, cada processo, cada acontecimento é único, singular, ainda que tentemos entendê-los, todos, por meio do mesmo cabedal de conhecimentos. Nesse sentido, o caminhar de qualquer psicanalista-clínico-pesquisador é necessariamente solitário, já que todo processo psicanalítico constitui uma "solidão a dois."[1] Um grupo de orientação de pesquisas em psicanálise, só pode se estabelecer, nessa direção, como "uma solidão multiplicada e compartilhada", nem mais, nem menos. Orientam-se leituras, exige-se rigor na interpretação de textos, critério na escolha da metodologia mais condizente com os propósitos da pesquisa, bem como uma fina discriminação conceitual na sua redação final. Entretanto, a busca, a definição do problema e a maneira de caminhar dentro dele implica sempre um processo singular, único e solitário.

Isso não quer dizer, entretanto, que não nos alimentemos mutuamente numa composição dessa. Um seminário ou vários seminários, desenvolvidos num programa de pós-graduação psicanalítico, podem irradiar-se em várias pequenas pesquisas, feitas por diferentes membros do grupo, capazes de dar origem a diferentes textos, cada um deles abordando alguma faceta da(s) temática(s) originalmente tratada(s). A diferença fundamental, nesse caso, é que o processo é espontâneo, nasce de uma convergência acontecida, quer dizer, fruto de um *acontecimento*, não de uma imposição formal. Este livro é um exemplo claro desse tipo de dinâmica.

Explico-me: somos todos do Programa de Estudos Pós-Graduados em Psicologia Clínica da PUC de São Paulo e fazemos parte de um núcleo de pesquisa antes denominado: "Nú-

1 Alfredo Naffah Neto, "Dez mandamentos para uma psicanálise trágica", *Percurso – Revista de Psicanálise*, p. 20.

cleo de Estudos dos Processos de Singularização", cujo tema central de estudo tem sido as produções de singularidades, seja no interior da psicanálise (produções subjetivas nas diferentes terapias psicanalíticas – oriundas de suas múltiplas abordagens – e produções conceituais/metodológicas), seja na articulação da psicanálise com outras formações culturais (filosofias ou artes, capazes de funcionar como suas interlocutoras).[2] Eu, professor titular da PUC–SP, com as funções de docência e orientação, e os outros autores deste livro, mestrandos e doutorandos (ou ex-mestrandos e/ou ex-doutorandos), orientados por mim, compomos tal grupo – todos, profissionais da clínica[3].

O tema do amor, que deu origem ao livro, surgiu de um seminário, ministrado no segundo semestre de 2003 e chamado: "A *Norma*, de Bellini: a pulsão de morte e a perda do objeto amoroso na ópera romântica italiana". Tematizava o amor romântico e propunha-se a pesquisar as formas com que a ópera romântica italiana dava corpo aos atos desmesurados, ligados à descoberta do amor traído. Para tanto, propunha a apresentação (em DVD) da *Norma*, de Bellini e Romani e de trechos da *Lucia de Lammermoor*, de Donizetti e Cammarano. As ferramentas básicas de análise das óperas eram: a *teoria*

2 Em função dessa temática, que tem sido freqüente, o núcleo passou a se chamar, a partir do segundo semestre de 2005: "O método psicanalítico e as formações da cultura".

3 Clínica, aqui, é entendida num sentido amplo, que transcende as práticas de consultório. Designa, antes de tudo, uma certa maneira de avaliar a realidade (social, cultural, psíquica), a partir de certos sintomas manifestos e buscar, a partir deles, a conjuntura subjacente que produziu e mantém essa realidade. Aí, então, detendo as chaves da sua produção, inventar os meios para a sua transformação. Dentro dessa concepção ampla, até mesmo a filosofia de Nietzsche, em sua vertente *genealógica* – ao avaliar criticamente a cultura ocidental, a partir dos sintomas de *décadence*, e buscar a sua transmutação – poderia ser chamada de clínica.

psicanalítica das relações objetais e a noção de *pulsão de morte*. Título e metas bastante ousados, como, aliás, tudo que movimenta o meu desejo nesse circuito docente; sempre penso que ensinar significa, antes de tudo, criar novos problemas de pesquisa e lançar-me neles, procurando ultrapassar o que se fez até então. Juntar psicanálise e ópera, por exemplo, é uma dessas ousadias: há algum tempo, venho postulando que a escuta musical pode ser um paradigma possível e útil para a escuta psicanalítica[4]. E, dentro dessa mesma problemática, que a audição musical perseverada pode afinar e aguçar as artes da escuta clínica.

Mas, antes desse seminário, um outro, ministrado no semestre anterior (o primeiro de 2003), denominado: "Medéia: mito, tragédia, ópera, filme" já abordara em outro nível (o da mitologia grega e da tragédia de Eurípedes, retomadas, no século XVIII, pela ópera de Cherubini e, no século XX, pelo filme de Pasolini) as desmesuras assassinas cometidas em nome do amor traído. Medéia, com sua espessura trágica, fora, de fato, o estopim inicial.

Desde então, o entusiasmo dos meus orientandos vem tomando corpo e se ramificando, por meio de pesquisas diversas, todas circundando o tema maior do amor romântico, em suas várias vertentes. Daí, surgiram vários textos e, a partir deles, a idéia deste livro, sugerido, primeiramente, por Judith Vero e Sonia Mansano, que se dispuseram aos contatos iniciais e ao recolhimento dos textos, considerando, entretanto, que a organização do livro deveria caber a mim.

Convites foram feitos também a ex-orientandos, como Paulo Roberto de Carvalho e Leonardo Luiz. Aí, outras reflexões eclodiram; no texto de Paulo, por exemplo, aparecem fluidos

4 Cf. Alfredo Naffah Neto, "A escuta musical como paradigma possível para a escuta psicanalítica", *Percurso – Revista de Psicanálise*, p. 53-60.

dos tempos em que nossos seminários do núcleo tematizavam a genealogia nietzschiana e seu martelo demolidor (contando, quase sempre, com a colaboração do amigo Oswaldo Giacóia Jr., quando não de Scarlett Marton).

Então, tudo afluiu simultaneamente para a estrutura final do livro que, a partir do título *Falando de amor*, desdobra-se nas seguintes partes:

PARTE I: NOS AFETOS FAMILIARES

Inicia-se com um texto meu, escrito especialmente para o livro e denominado *Amor paterno*. Nele, teço comentários sobre um poema de Vinicius de Moraes, o "Poema enjoadinho", que fala sobre as venturas e desventuras de ser pai e experimentar essa forma singular de amor. A escolha desse tema teve que ver, sem dúvida alguma, dentre outras coisas, com o fato de eu me sentir, aqui, um pouco pai de todos.

Em seguida, vem o texto de Judith Vero, denominado: *Música: onde começa e termina a comunicação amorosa*. Por uma estranha coincidência, ela aborda a mesma temática, pela vertente oposta e complementar: o amor filial, contando-nos de seus encontros musicais, amorosos, com seu pai de noventa anos e desdobra o seu relato na análise das articulações entre música e comunicação afetiva, desde a vida do pequeno bebê, até os consultórios de psicoterapia. Não por mera casualidade, na parte musical, aborda a *Norma* e a *Lucia de Lammermoor*.

É bastante elucidativo que não tenha surgido nenhum texto falando do amor materno ou do amor filial à mãe. Nada de casual, se lembrarmos que as figuras maternas que dominaram esses seminários foram Medéia e Norma, claros exemplos de mães dispostas a sacrificar seus filhos diante das dores do amor traído.

Também o amor fraterno não aparece explicitamente tematizado. Mas a própria realização deste livro não nos fala dele de alguma forma?

PARTE II: NAS INTENSIDADES TERAPÊUTICAS

O texto que abre essa parte é de Dorli Kamkhagi e se denomina: *Medéia – o mito que habita cada um de nós*. A autora usa da personagem Medéia – trazida tanto da tragédia de Eurípedes, quanto do filme de Pasolini – para nos ajudar a entender o componente vingativo, presente nas artimanhas do amor e tão ilustrativo da clínica contemporânea, especialmente da psicoterapia da terceira idade (na qual Dorli vem se especializando). Relatos terapêuticos dão forma empírica às suas análises.

Em seguida, vem o texto de Leonardo Luiz, denominado: *Um caso de amor... clínico – sobre o amor de transferência na análise* que, conforme o próprio título anuncia, trata do amor de transferência, amor psicanalítico por definição. O caso terapêutico que atravessa e costura o seu relato é o de Amanda, jovem que transporta cada um de nós à adolescência própria, passada e, por outro lado, sempre presente...

O terceiro texto dessa parte é de Carlota Maria Oswald Vieira Zilberleib e denomina-se: *João e o amor pelos pais*. Por intermédio do caso de João, a autora mostra-nos como, no desenvolvimento psíquico de um menino, a resolução do conflito edipiano, pontuada pelo recalque do desejo incestuoso pela mãe, desemboca na identificação com o pai e na sua internalização, sob a forma de um "ideal de eu". Esses processos, entretanto, vêm sempre misturados com a via invertida (ou seja, recalque do desejo incestuoso pelo pai e internalização da mãe), já que o desejo humano é, por definição, ambivalente, melhor dizendo, perverso-polimorfo.

Vera Canhoni, em *Amor: uma escuta psicanalítica ou poética?* discorre sobre os caminhos tortuosos da paixão amorosa, constatando o quanto as suas incertezas e angústias podem encontrar sustentação e abrigo nas ramagens metafóricas da poesia. Todo o seu relato se tece a partir de um caso clínico: uma mulher tomada por uma paixão violenta e que procurava proteger-se dos seus avatares por meio de defesas masoquistas.

O quinto texto: *Questão de amor – Eros–Anteros e a mediação de Éris* é de Valéria Sanchez Silva que, como analista junguiana, vai às raízes etimológicas e míticas do amor, explicitando o antagonismo complementar de Eros–Anteros, mediado por Éris, a Discórdia. E nos relata um fragmento terapêutico dessa dinâmica pulsional.

PARTE III: NO COTIDIANO DAS RELAÇÕES

A terceira parte abre-se com o texto de Paulo Roberto de Carvalho: *Nietzsche e os modos de amar na contemporaneidade*. Nele, o autor faz uso da filosofia nietzschiana para realizar uma bela crítica das idealizações amorosas, conseguindo desconstruir o ideário do casamento romântico.

O último texto: *O amor romântico e um breve sobrevôo pela música popular brasileira*, de Sonia Regina Vargas Mansano, fala-nos dos paradoxos e impasses do amor romântico, por meio das belas formas que assumem nas letras da Música Popular Brasileira.

Assim, ao final da leitura, sentimo-nos diante de um rico mosaico, compondo variadas facetas do amor contemporâneo com seus impasses, conflitos: complexas construções de vida, em seus movimentos de expansão e intensificação, rasgadas, de quando em quando, pelo movimento desconstrutivo da morte, a contraparte necessária de tudo o que desabrocha e pulsa neste mundo.

ALFREDO NAFFAH NETO

PARTE I

NOS AFETOS FAMILIARES

AMOR PATERNO

ALFREDO NAFFAH NETO

Para o Henrique

"Dorme, meu pequenininho
Dorme, que a noite já vem,
Teu pai está muito sozinho
De tanto amor que ele tem"
(TOQUINHO E VINICIUS DE MORAES)[1]

Vinicius de Moraes, um dos nossos grandes poetas, deixou registrado em versos, no *Poema Enjoadinho*[2], boa parte das contradições e dos paradoxos que envolvem o amor materno-paterno. O próprio título do poema já é bastante curioso, pois evoca aquela frase característica das mães (mas também comum aos pais) no trato com filhos pequenos: "Hoje, ele(a) acordou enjoadinho(a), deve ser algum vírus". Na verdade, certas reações de filhos pequenos, como um choro aparentemente sem motivo, uma reação de mau humor inusitada e um grito inesperado nos incomodam porque não conseguimos entendê-las. Tais atitudes levam-nos a qualificar o estado físico-mental da criança pelo adjetivo inespecífico: "enjoadinho(a)".

O propósito deste texto é tecer considerações sobre o poema de Vinicius, aproveitando a oportunidade para dar corpo à mi-

1 Toquinho e Vinicius de Moraes, *O filho que eu quero ter*.
2 Vinicius de Moraes, *Vinicius – Antologia poética*, p. 197-198.

nha experiência de pai e dela tirar reflexões. Por essa razão, embora o poema sirva tanto à experiência da maternidade quanto à da paternidade, é sempre à ultima que estarei me referindo.

O poema inicia-se:

Filhos... Filhos?
Melhor não tê-los!
Mas se não os temos
Como sabê-lo?

O poema traz um primeiro paradoxo revelador da importância da paternidade como experiência de vida, pois ainda que se considere que é melhor não ter filhos, só se pode saber isso após tê-los. Portanto, a afirmação, "Filhos... Filhos? Melhor não tê-los", tem seu sentido invertido a partir da pergunta que se segue, "Mas se não os temos, como sabê-lo?", passando a significar: "Filhos...Filhos? Melhor tê-los."

Como pai, concordo com o poeta, pois das inúmeras experiências imprescindíveis que tive na vida, a única da qual não abriria mão é a da paternidade. Isso por uma razão: porque foi ela que me enriqueceu e transmutou minha vida com algo que nunca havia sentido antes: o *amor paterno*, esse querer-bem desmedido, sem outro motivo que não seja ele próprio, envolvido num desejo de proteção que, no fundo, aspira à autonomia (de pai e filho), num certo círculo especular narcisista, constante e felizmente rompido pela eclosão da alteridade "Como ele(a) é diferente de mim!"; numa ilusão de eternidade (filhos, netos, bisnetos etc.), limitada, grande parte do tempo, pelo medo da perda (da morte). Traduzindo isso em outra linguagem: a aprendizagem da *devoção*. Sem ela não teria me realizado como homem, no sentido mais amplo do termo, tanto no nível pessoal, quanto no profissional (pois a experiência de paternidade envolve, também, no meu caso, os meus analisandos e orientandos, esses filhos postiços – num nível tanto afetivo quanto simbólico – que se entregam aos meus cuidados ou orientações, por um bom tempo de vida).[3] Entretanto, inúmeras vezes, em momentos de raiva, preocupação ou mau humor, cheguei a pensar que talvez teria sido melhor não ter tido filho(s).

Mas, a existência concreta dos filhos tem sua origem no *desejo* de ter filhos, como bem lembra o poeta:

> Se não os temos
> Que de consulta
> Quanto silêncio
> Como os queremos!

"Quanto silêncio." De fato, quanto a essa questão, pode-se dividir a vida entre um *antes* e *depois* de ter filhos. Antes: o sono profundo, o sonho dos anjos, o silêncio absoluto que nenhum barulho é capaz de romper; depois: aquele alerta constante que se sobressalta ao cair de uma pluma. "O que aconteceu? Será que ele(a) precisa de alguma coisa?" E dá-lhe levantar e ir olhar o berço, pé ante pé, no meio da noite. Isso sem falar na hora das mamadas, no choro angustiado das dores de barriga, na tentativa de encontrarmos uma posição para apoiar e aquecer a barriguinha, para ver se conseguimos estancar a fúria do rebento.

Pois é desse vazio, desse silêncio inicial, que nasce o desejo de paternidade: "Como os queremos!" E para tanto, iremos a quantas consultas médicas forem necessárias. Como se ter um filho fosse algo que já constasse no *script* da vida, bastando escolher o momento oportuno para tal.

3 Como psicanalista e professor/orientador de curso de pós-graduação, estou sempre ligado, por laços afetivos e simbólicos aos analisandos e orientandos.

Atualmente, entretanto, isso está mudando: há cada vez mais casais que optam por não ter filhos, além de clubes e hotéis que proíbem a presença de crianças. Está aí algo que nunca entendi: uma vida ou um mundo sem a presença de crianças. Para mim, seria como um jardim sem flores.

Nesse desejo de ter filhos, fundem-se outros desejos; é preciso estimular o apetite sexual, pois quanto maior o número de relações, maior a chance de gravidez...

Banho de mar
Diz que é um porrete...
Cônjuge voa
Transpõe o espaço
Engole água
Fica salgada
Se iodifica
Depois, que boa
Que morenaço
Que a esposa fica
Resultado: filho

Impressionante como o poeta brinca com alegorias, associando sexualidade com água marinha (que, curiosamente, evoca a figura da sereia e seus perigos), sal, sol, iodo e pele bronzeada; não fosse ele o autor de "Garota de Ipanema", além de ter proclamado aos quatro cantos seu amor pelo Rio de Janeiro e pela Bahia, apenas por aqui já saberíamos tratar-se de um habitante beira-mar.

De qualquer forma, embora o encontro sexual seja a forma natural de ter filhos (alguns chegam a argumentar que é a melhor parte da história), a adoção, feita especialmente por casais com dificuldades conceptivas, também tem se tornado bastante comum. No dia 1º de julho de 2005, li um artigo no jornal *O Estado de S. Paulo* que dizia que a Espanha tornou-se o quarto país no mundo a aceitar os casamentos *gays* e o segundo a permitir a adoção de crianças por casais homossexuais (com os mesmos direitos que quaisquer outros casais). Sinais de que a cultura está se ampliando e se diversificando.

Por fim, chega o filho...

E então começa a aporrinhação:
Cocô está branco
Cocô está preto
Bebe amoníaco
Comeu botão.

Aí o poeta enumera algumas travessuras que o pequeno ser, na mais pura inocência e para terror total dos pais, realiza, e alguns incontáveis sinais que exibe e que podem significar doença, exigindo a procura imediata de um pediatra. Quanta aporrinhação! Ossos do ofício...

Filhos? Filhos
Melhor não tê-los
Noites de insônia
Cãs prematuras
Prantos convulsos
Meu Deus, salvai-o!

Filhos adolescentes costumam sair para as "baladas", madrugada afora, gerando nos pais noites de insônia, cabelos brancos (cãs) prematuros, de preocupação com a segurança dos moçoilos, especialmente numa cidade como São Paulo, que hoje em dia é pura violência. Felizmente, a existência do telefone celular e a possibilidade de localizá-los e falar com eles abranda, em grande parte, essa preocupação. Coisas da *sociedade de controle*, diriam os deleuzianos...

Sim, mas o pior é quando começam a beber e, como em tudo que é novo na vida, não sabem dosar a medida certa e acabam se embriagando nas festas, dando vexames. Nessas ocasiões, podem até dirigir o carro embriagados, já que, como jovens, são um pouco inconseqüentes. Isso sem falar no perigo que correm com as freqüentes brigas que acontecem nas danceterias...

Há ainda as doenças, as cirurgias inevitáveis: outros perigos da vida. "Prantos convulsos. Meu Deus, salvai-o!"

Pais ateus costumam descobrir, na experiência com filhos em perigo de vida – situação de extremo desamparo e impotência, que Deus pode significar uma dimensão onipresente e onipotente da função paterna, fantasiada e projetada em outra parte. Nessa hora, para abrandar a angústia, apela-se para quaisquer recursos que estiverem à mão, inclusive o religioso.

Filhos são o demo
Melhor não tê-los...
Mas se não os temos
Como sabê-los?

"Filhos são o demo", concluem os versos anteriores, afirmando que eles só servem para atazanar a vida dos pais: o que expressa momentos de extrema irritação. Já os versos: "Mas se não os temos, como sabê-los?", repetem os anteriores, introduzindo uma variação no objeto do saber: "sabê-lo" agora é transformado em "sabê-los". Ou seja, o poeta não se pergunta como saberíamos que os filhos são o demo, se não os tivéssemos, mas sim, como poderíamos "sabê-los", quer dizer, conhecê-los, saber como eles são, sem vivenciar a sua existência concreta.

Como saber
Que macieza
Nos seus cabelos
Que cheiro morno
Na sua carne
Que gosto doce
Na sua boca!

Aqui o poema destaca-se pela sensorialidade, evocando as mais puras expressões de *carinho*. Evoca, em todos os pais, as inúmeras vezes que afagou a cabeça do filho, sentindo a maciez dos seus cabelos; que lhe deu banho, aspirando o cheiro morno da sua carne; que se aproximou dele para receber um beijo, sentindo na pele o gosto doce da sua boca.

O restante do poema evoca, novamente, para fins de contraste, as "artes" de arrepiar os cabelos que filhos pequenos, sem juízo, costumam fazer, mas termina com um elogio da paternidade/maternidade.

Chupam gilete
Bebem xampu
Ateiam fogo
No quarteirão
Porém, que coisa
Que coisa louca
Que coisa linda
Que os filhos são!

Ao final, sobra a afirmação: *apesar de todos os pesares,* "que coisa louca" (filhos são quase sempre incompreensíveis, desarrazoados, para seus pais), "que coisa linda que os filhos são!"

É por isso que, quando acordo no meio da madrugada, especialmente quando sei que ele já voltou das "baladas", e o vejo dormindo em seu quarto, ali, ao lado do meu, tranqüilo e seguro, sei que posso novamente mergulhar no sono e agradeço à vida por ter-me feito pai. Mas também já senti essa mesma gratidão em momentos de maior angústia: ao acompanhar uma cirurgia, pela qual ele teve de passar; ao sentir a falta do seu convívio, quando brigamos e ficamos sem nos falar; ao fazer uma autocrítica como pai e achar que o eduquei de forma errada, equivocada (muita liberdade e pouca disciplina, como, aliás, a maior parte dos pais intelectuais da minha geração). Em todos esses momentos, tenho uma certeza absoluta: se fosse recomeçar, faria tudo de novo.

Eu amo meu filho, e amo ser pai.

REFERÊNCIAS BIBLIOGRÁFICAS

MORAES, Vinicius de. *Vinícius – Antologia poética*. 9 ed. Rio de Janeiro: Sabiá, 1971.

MÚSICA: ONDE COMEÇA E TERMINA A COMUNICAÇÃO AMOROSA

JUDITH VERO

Meu contato com a música é atávico. Conta a lenda familiar que eu, aos 10 ou 11 meses de idade, sentada na minha cadeirinha à mesa de almoço, esperava o gesto diário de meu pai: assim que terminava a refeição, levantava-se, dava a volta à mesa para dar um beijo em minha mãe e em seguida se aproximava de mim, para também me dar um beijo. Já desde essa época, eu, pequenina, estendia-lhe os braços e, com os olhos iluminados, balbuciava: "papa, tátá". Ele, então, me levantava da cadeira e se punha a dançar comigo, para meu deleite e delírio.

Mais adiante, lembro-me vivamente das noites familiares, ainda na Hungria, animadas pelos discos de *jazz* e ópera, às vezes, nessa seqüência. Cresci, portanto, desde a primeira infância, ouvindo música.

No Brasil, minha família comprou, assim que pôde, um piano, e eu e meu irmão começamos a estudar música oficialmente. Tinha, então, aproximadamente 10 anos. Dois anos depois, pedi para estudar violão, já que minhas amigas não estudavam piano, mas, sim, esse outro instrumento. Paralelamente, ocorria outro fato: desde que desembarcamos no Brasil, eu, com 6 anos de idade, fantasiava tornar-me bailarina quando crescesse. Nas conversas com minha mãe, ela dizia: "Que nada, minha filha, menina de família deve estudar piano e idiomas. Minha filha não será dançarina de cabaré." Foi assim que inventei o seguinte artifício: todos os anos, no Carnaval, pedia para me fantasiar de bailarina. Para tanto, comprávamos o "tutu", a rede de cabelo, o maiô, e – o detalhe mais importante para mim – as sapatilhas. Eu as queria de ponta.

Passado o Carnaval, lembro-me nitidamente, quando chegava da escola, ia imediatamente trocar o uniforme e colocava as sapatilhas de balé. Em seguida, ligava o rádio (era a década de 1950, ainda sem televisor) e saía dançando pela casa. Aliás, naquela época, o rádio era uma diversão e tanto. As moças que trabalhavam em casa adoravam ouvir a Rádio São Paulo com suas radionovelas (uma espécie de TV Globo da época), que nos levavam às lágrimas. Lembro-me do meu primeiro contato com o prelúdio de *La Traviata*, soando ao fundo de um encontro entre *Peri e Ceci*, novela de conteúdo autóctone, mas a idiossincrasia, na época, não me espantava.

De maneira geral, esses rituais prolongaram-se por anos a fio, até que, aproximadamente aos 15 anos de idade, formamos, seis amigos, uma bandinha de música. Eu era a vocalista do grupo. Reuníamo-nos aos sábados e domingos na casa da Guiomar e tocávamos durante toda a tarde. Éramos três meninas e três meninos.

Isso durou alguns anos, até que outros interesses acabaram desviando as atenções individuais, e o grupo se desfez. Já em plena adolescência e início da idade adulta, sempre freqüentei bailes, festas dançantes e era considerada exímia dançarina, ou seja, na gíria da época, não "tomava chá de cadeira". Os jovens dançavam muito na década de 1960, e eu aprendi, rapidamente, o *rock and roll*, o *chachachá* e outros ritmos da época.

A partir de então, sempre tenho a música ao meu lado. Em forma de disco de vinil, CD, fita, rádio, o que seja. Tenho música no consultório, e é freqüente que, nas sessões de análise com meus pacientes, eu faça associações musicais.

Atualmente, ocorre, a meu ver, um fato extraordinário na minha vida. Trata-se da relação que venho tendo com o meu pai. Ele completou 90 anos em dezembro de 2003 e tem vários problemas de saúde, apesar de sentir-se bem. Ele padece de mal de Parkinson e arteriosclerose. Portanto, sua comunicação é monossilábica, quando muito. Freqüentemente, ele inicia uma frase e a deixa no meio. Outras vezes, quer dizer algo, mas não encontra a palavra e se cala, fazendo um gesto com a mão, como a dizer: "deixa pra lá".

Apesar dessa condição bastante fragilizada – já que caminha muito pouco e está deitado, praticamente, o tempo todo – trata-se de uma pessoa de extremo bom humor. Está sempre alegre e agradecido por qualquer atenção que lhe seja dirigida. Todas as terças-feiras recebo a família em casa para o que chamamos de "almoço familiar". Como a família é muito pequena, vem quem pode. É uma espécie de "casa aberta" e, às vezes, freqüentada também por amigos mais íntimos. Meu pai chega, invariavelmente ao meio-dia, acompanhado de seu enfermeiro, e deita-se em seguida para aguardar o almoço. Os outros, à medida que vão chegando, entram no quarto, que se transforma em alegre sala.

Recentemente, numa dessas terças-feiras, percebi que, enquanto estava deitado e não lhe dirigíamos a palavra, meu pai começou a entoar uma melodia. Isso me chamou a atenção e me afastei do grupo familiar para ouvir melhor o que acontecia. Perguntei-lhe o que estava cantando. Ele, espantado, me disse: "Eu?" Como se não tivesse se dado conta do que fazia. Respondi: "Sim, você. Cante mais que eu quero ouvir."

Aí, na minha opinião, aconteceu um fato impressionante: ele entoou o "Parlami d'amore Mariù" inteiro, à base do *lá, lá, lá*. Comecei, a partir de então, a me contatar com ele, preferencialmente, pela música. Já que com palavras era difícil, começamos um contato intenso, pontilhado de emoções, por meio de melodias. Quando nos encontramos, agora, ele já se ilumina, pega na minha mão, e *lá, lá, lá* vamos nós, de canção em canção, mostrando nossos afetos um para o outro pela música.

É uma experiência absolutamente inédita para mim, que, apesar de meu amor pela música, jamais havia pensado em me comunicar com alguém exclusivamente por ela. Aliás, pensando melhor, já o fizera antes, mas em outro contexto.

Essa vivência com o meu pai, despertou em mim uma série de sentimentos e uma expectativa muito grande em relação aos rumos dessa nova modalidade de comunicação com ele. É que, no encadeamento das canções, pode-se ler um subtexto de extraordinária complexidade e reveladora inspiração.

Estará meu pai, aos 91 anos, tentando me dizer coisas que jamais conseguiu antes? Estará me revelando sua intimidade de forma que eu entenda mais suas atitudes passadas? Estará ele me pedindo algo?

Nossos encontros têm sido de uma riqueza ímpar para mim. Todas as questões já ditas e muitas outras mais me invadem e ficam sem resposta. Parece que quando estamos juntos, meu pai e eu, mergulhados em música, nos intermináveis *lá, lá, lás*, nos transportamos para uma dimensão estranha e única, onde parecemos flutuar de nota em nota, suspensos pela melodia, repletos de incalculáveis emoções. Não há dúvida de que estamos nos comunicando profundamente.

Lembro-me do livro *O clã do urso da caverna,* de Jane Auel[1], no qual a autora relata a história de uma menina da pré-histó-

1 Jane M. Auel, *The clan of the cave bear.*

ria, criada por uma tribo de hominídeos, primatas com o corpo coberto de pêlos, semimacacos, para os quais era de extrema má-educação emitir sons. Isso porque eles ainda não haviam desenvolvido completamente o aparelho fonador e, portanto, se comunicavam apenas por gestos. A garota – de outra tribo mais evoluída, loira etc. – teve de adaptar-se a não emitir nenhum som e se comunicar por gestos.

Penso nessa história como sendo a antítese da que venho expondo em relação ao meu pai. Esse cidadão sênior está privado da palavra, mas não do som. Expressa-se, então, melodicamente e consegue, dessa maneira, uma riqueza tal de nuances que, confesso, me sinto perdida entre tantos significados possíveis. Mas até acredito que isso não seja tão importante, já que as intensidades e sutilezas que nos tocam nesses momentos provocam – acredito que em ambos, mas certamente em mim – toda sorte de devaneios e emoções que, no limite, me remetem a um estado apaziguado de cunho reparador.

Corre entre nós um fluxo interminável de conteúdo psíquico consciente e, certamente, inconsciente, que é difícil traduzir em palavras. Às vezes, quando estamos apenas nós dois no quarto, entregues à nossa música, e entra alguém, é como se essa pessoa fosse imediatamente envolvida pelo clima reinante e passasse a fazer parte (*malgré soi*) da "comusicação" ali existente. Nesses momentos, acredito estarmos completamente imersos no intensivo. A comunicação parece fluir diretamente entre nosso corpo sutil. Podemos, assim, prescindir das palavras: parecem supérfluas.

A música como metalinguagem

"No início era o verbo." E se disséssemos que no início era o som? Segundo a autora já citada, Jane Auel, no início os seres imitavam os pássaros e os ruídos de outros animais para, aos poucos, durante séculos, aprimorarem e dominarem seu aparelho fonador. Algo semelhante é o que acontece, atualmente, nas tribos africanas, indígenas ou australianas em suas danças e rituais: o ritmo e o som. Não é ainda melodia, mas sons que certamente transmitem emoções e, portanto, conteúdos que a tribo compreende perfeitamente, ainda que, para nós, seja um mistério. Talvez seja o início de uma cultura por meio do som.

E, se assim for, em nada difere do que ocorre com os seres ditos evoluídos, aculturados, ao nascimento, momento em que o ser humano é projetado para um mundo de sons e luzes, cuja decodificação exige anos de aprendizagem.

Para compreender o que ocorre nas primeiras tentativas de comunicação e na sua evolução em direção à cultura – que ao mesmo tempo nos afasta de sons primordiais e permite o avanço da civilização – repetirei algumas palavras sobre o desenvolvimento infantil, já que, como veremos, a comunicação que está em questão, a qual chamo de "comusicação", se dá na esfera pré-verbal.

Na primeira etapa de vida, o bebê é totalmente dependente de cuidados e comunica-se com quem toma conta dele apenas por sons e tensões corporais.

É sabida a importância das primeiras relações objetais na constituição de uma psique saudável. Vários autores têm se dedicado ao estudo dos primeiros vínculos, entre eles: Winnicott com seu conceito de "mãe suficientemente boa"[2]; M. Klein, pela "identificação projetiva"; Bion com suas idéias a respeito de "*reverie*", que nos indicam os caminhos que essas relações percorrem, e Thomas Ogden, com seu conceito de "terceiro analítico".

2 "Mãe suficientemente boa", resumidamente, é aquela que consegue dar ao seu bebê precisamente o que ele necessita, ou seja, nem mais nem menos. "Identificação projetiva" é aquela em que o projetor joga suas representações não apenas sobre, mas *para dentro* do objeto, no sentido de melhor controlá-lo, já que assim

Segundo Ogden, "a mãe permite a si mesma ser habitada pelo bebê na sua 'contra-identificação' (Grinberg, 1962) com ele, e, nesse sentido, é criada pelo bebê ao mesmo tempo em que o está criando (dando forma)."[3] Isso significa que a mãe está sendo investida pelo seu bebê, e que a continência ocorre de dentro do corpo da mãe, local onde foi projetada a necessidade de acolhimento do recém-nascido. Portanto, para se dar forma psicológica ao bebê, é preciso que a mãe se permita ser tomada de dentro. Aquela mãe que percebe as solicitações de seu filho a partir das tensões corporais deste, que consegue pegá-lo no colo, alimentá-lo, conversar e cantar para ele, acaba, a partir desse contato, interpretando para o bebê suas necessidades primeiras. Assim, a mãe cria, ou seja, dá forma às necessidades do bebê, que "aprende" o que é, por exemplo, fome. Portanto, os "*inputs* brutos" do bebê, ou seja, suas tensões corporais, são transformados em eventos psicologicamente significativos. Em outras palavras, no momento em que a mãe reconhece aquela tensão corporal como sendo fome, esta (fome) adquire seu sentido (fome) para o bebê.

É precisamente aí que se insere o "terceiro analítico" de Ogden. É a visão que permite uma compreensão que emerge de estar, ao mesmo tempo, fundido e separado na relação. Uma relação como a que já descrevemos – mãe–bebê – permite que a mãe esteja, simultaneamente, fusionada e separada de seu filho, sendo que paulatinamente o mesmo ocorre com o bebê. É na intersecção desse vínculo, na intersubjetividade, que emerge o "terceiro analítico", que não é nem um nem

o projetor vivencia o objeto projetado como parte de si mesmo. "Reverie", que literalmente significa devaneio, é um estado psíquico que permite exercitar a "função continente" para as projeções do bebê. Note-se que os três conceitos aplicam-se igualmente ao contexto terapêutico, na relação de transferência e contratransferência.

3 Thomas Ogden, *Os sujeitos da psicanálise*, p. 41.

outro, mas os dois, ao mesmo tempo, preservando as individualidades. Esse olhar que assume, nesse momento, a posição de um terceiro oferece uma continência que permite a evolução da psique do bebê, que, aliás, volta a manifestar-se no *setting* analítico, permitindo a elaboração das questões terapêuticas.

Acredito que, em algumas fases ou mesmo em momentos muito especiais da vida, podemos retroceder àquela posição infantil, na qual a comunicação se dá preferencialmente na intersubjetividade, assim como ocorre nos primórdios da existência ou em uma relação analítica.

Creio que naqueles encontros intergeracionais entre pai e filha ocorria um jogo de papéis, em que eu (a filha) assumia, de alguma forma, um papel materno para meu pai, e ambos vivíamos, na transferência e contratransferência, um clima em que um dava sentido aos conteúdos do outro. O cantarolar dele despertava sentidos em mim que sugeriam outros subentendidos para ele. Nossa "comusicação" era harmônica, pois, muito mais do que a busca da perfeita seqüência de tons e semitons, o que imprimia ritmo ao encontro eram os delicados – alguns nem tanto – apertos na mão, olhares, sorrisos emitidos de acordo com algo que em determinado momento fazia sentido para nós. O interessante é que a passagem de uma canção à outra ou de uma emoção à outra fazia, naqueles momentos, todo o sentido, já que tal passagem estava sincronizada com as expressões faciais de ambos.

Para nós, ocidentais, o contato com a música é bastante antigo. E que maior expressão na música, senão por meio de um gênero que atravessa séculos: a ópera? Essa forma musical teve seu apogeu nos séculos XVIII e XIX, mas ainda hoje vários autores se dedicam ao gênero.

Em matéria de metalinguagem musical, a ópera se destaca por ser um meio que reúne várias artes. Além da música, acompanhada do conteúdo dos libretos, ou seja, da letra, depende, ainda, da interpretação dos personagens, da expressividade dos cenários, da perfeita coordenação entre orquestra e intérpretes, enfim, uma espécie de Hollywood artesanal. Saliento, agora, duas óperas, cujos conteúdos melódicos, aliados à história que revelam, me parecem pertinentes aos eventos anteriormente relatados.

Norma e Lucia de Lammermoor

A HISTÓRIA DE Norma é contada brilhantemente por Bellini, seu autor, e Romani, seu libretista. Trata-se de uma sacerdotisa que lidera uma comunidade druida ameaçada por soldados romanos. Há anos, os romanos sitiaram essa comunidade que ora aceita os invasores, ora luta contra eles. O que não se sabe é que, secretamente, Norma se apaixonara pelo chefe dos romanos, com quem tivera dois filhos, criados à distância para que seu segredo não fosse revelado. No primeiro ato, os druidas votam pela guerra contra os romanos. Norma intervém e apazigua os ânimos, explicando que a guerra é perniciosa para todos. Finalmente, os druidas concordam. Entretanto, Adalgisa, sacerdotisa acólita, consulta-se com Norma, dizendo estar apaixonada e desejando abandonar o sacerdócio para perseguir seu amor. Norma se sensibiliza, já que relembra sua história. Entretanto, ela não sabe que o amor de Adalgisa é precisamente o pai de seus filhos e, portanto, também seu amor!

Norma nos coloca frente a frente com duas realidades: interna e externa. O mundo externo nos impõe regras, leis e pressupostos dogmáticos que somos levados a assumir como legítimos antes de termos a experiência, ou seja, a vivência do que vem a ser a vida. E o mundo interno que, por sensações, sentimentos, intuições, nos informa outra realidade: a que realmente conta! Assim, o conflito se instaura na primeira oportunidade em que a alma corre solta em direção àquilo que lhe interessa.

Norma se vê presa entre essas duas instâncias: leis, que os dogmas de sacerdotisa lhe impõem, e seu oposto mundano, ou seja, suas vivências de paixão desmesurada pelo "inimigo". Nada mais atual. Com o ressurgimento do fundamentalismo, cada vez mais as questões relativas à paixão habitam pessoas que se sentem presas entre conflitos. Como resolver tal questão? Norma opta por ser verdadeira consigo e vê como única solução propor sua imolação. Esse expediente resolveria seus conflitos: acabaria com a culpa da duplicidade vivida durante longo período, eliminaria sentimentos aterradores de ódio, ciúme e vingança em relação a Adalgisa, sua rival, e a seu amante, com a vantagem de, fantasiosamente, unir-se na morte ao ser amado.

Guardadas as devidas medidas, vemos situações como essa em nossos consultórios com bastante freqüência. Pessoas divididas entre trabalho e família ou entre trabalho e lazer, ou ainda dinheiro, fama e fortuna *versus* possibilidade de uma integridade incompatível. Quantas vezes a auto-imolação simbólica inconsciente não se propõe como saída para essa situação, acarretando distúrbios mais graves! O que nos leva à cena de loucura de *Lucia de Lammermoor*, ópera de Donizetti, com seu libretista Camarano.

Nessa peça, Lucia se vê obrigada pelo irmão a casar-se por conveniência, em detrimento do seu verdadeiro amor. Nessas circunstâncias, Lucia vai perdendo o contato com a realidade, refugiando-se em seu mundo interno, até que, não suportando mais tal situação, assassina o marido, enlouquecendo em seguida.

Dessa ópera, destaco a cena da loucura, na qual, pela música, sentimos e, portanto, podemos apreender a angústia de uma alma que não pôde sentir-se livre para fazer suas escolhas. Toda a angústia de um século apaixonado está representada nessa cena. Lucia alucina seu bem-amado na figura do marido imposto por seu irmão. Pensa ter se casado com ele, e não com o marido. Quando, no final da ópera, morrendo – e de amor, é claro –, seu verdadeiro amor, ciente de sua morte, também se mata, consolida-se a verdadeira tragédia em forma de teatro musicado.

A psique, quando não suporta mais a tensão à qual está submetida, cinde e alucina uma realidade mais apaziguadora. É o que ocorre com a protagonista nessa cena. A densidade da música nos enleva e, quase sem necessidade de ver a cena, sintonizamos a agonia psíquica em jogo.

Isso é o que ouvimos, freqüentemente, em nossos consultórios. Um relato expresso em tons tais que, se prestarmos a devida atenção às colcheias, semifusas e outros suspiros musicais, nos veremos muito próximos de angústias abomináveis, com as quais é preciso muita sutileza no lidar. Uma palavra ou um gesto fora de proporção pode lançar nosso paciente abismo abaixo, de onde sair será muito mais complicado. Todo cuidado é pouco. O silêncio quase reverencioso com o qual escutamos a ária de Lucia se impõe na sala de atendimento, diante do intenso sofrimento psíquico revelado por tons e semitons.

É a arte que imita a vida ou...? Talvez não importe. O sublime é a vida que decorre apesar de nós e se apresenta para nós, no consultório, como um corte transversal de uma realidade psíquica. Apenas uma amostra, mas que densidade! Que intensidade! Numa sessão é possível entrevermos trechos de várias peças musicais, óperas inclusive. Mas nada nos impede de enxergar a realidade psíquica em cores, por exemplo. Como em telas de Rembrandt, Goya, Van Gogh ou Picasso, também podemos ver a angústia existencial secular que nos é apresentada por cada novo paciente que entra na sala. Nossa profissão é um grande privilégio. Ouvir, no cotidiano do trabalho, a música de cada paciente é se expor ao mundo como se vivêssemos várias vidas simultaneamente. Temos um acesso privilegiado ao mundo interno daqueles que a nós confiam sua alma doída. Façamos jus ao que nossos pacientes nos dão: ouçamos com atenção e reverência cada melodia. É o melhor (e quiçá a única coisa) que podemos lhes dar.

"Comusicação" – Comunicação maior

Com a música ao meu lado, a sensação é de que nada de mal pode me atingir. Desde a adolescência, quando naturalmente se passa por fases melancólicas de origem hormonal, inclusive, lembrava-me de pensar: "Enquanto houver música, estou salva!" Não sei exatamente o que eu queria dizer com isso, mas esse pensamento me era recorrente.

De fato, não só em momentos de crise, a música é e sempre foi um refúgio para minhas dores de alma, bem como companheira de minhas alegrias.

Durante os últimos seis anos em que venho freqüentando a PUC – Pontifícia Universidade Católica (inicialmente, cursando mestrado e, atualmente, doutorado), questões musicais têm acompanhado as aulas do nosso grupo de orientação. Foram semestres dedicados à escuta musical para melhor compreender as nuances que ouvimos em nossos consultórios.

O interessante foi perceber e sentir, nessas nossas aulas, no silêncio que se formava entre os colegas e o mestre enquanto ouvíamos as peças musicais, o nível de comunicação intensiva que se estabelecia entre todos. Não havia mais a necessidade de "brilhar" pelos comentários eruditos (coisa muito comum nas aulas teóricas). A própria música nos enlevava a uma esfera superior, na qual a comunicação decorria sem palavras, e todos pareciam navegar no mesmo barco. Havia ampla troca de olhares significativos. No final de cada aula, cada um seguia seu caminho, mas posso "jurar" que precisávamos de um tempo para "descer" à realidade mundana e retomar nossos afazeres.

"Comusiquemos" mais. Nossa OSESP – Orquestra Sinfônica do Estado de São Paulo – tocando Brahms na Alemanha, entremeado de Villa-Lobos e Carlos Gomes. Wagner tocado em Israel etc., etc. Quem sabe o "País do Carnaval", com toda a sua musicalidade à flor da pele, não poderá um dia se revelar precursor das "comusicações" internacionais, apenas para dar mais ênfase ao Fórum Mundial de Porto Alegre. Já temos, inclusive, um ministro "comusicante".

Parece que, nesse sentido, para o Brasil, o futuro já chegou.

É que Deus é, definitivamente, brasileiro.

REFERÊNCIAS BIBLIOGRÁFICAS

AUEL, Jane M. *The clan of the cave bear*. Toronto: Bantam Books, 1985.

OGDEN, Thomas. *Os sujeitos da psicanálise*. São Paulo: Casa do Psicólogo, 1996.

PARTE II

NAS INTENSIDADES TERAPÊUTICAS

MEDÉIA: O MITO QUE HABITA CADA UM DE NÓS

DORLI KAMKHAGI

Medéia foi personagem da tragédia grega de Eurípides[1] (431 a.C.), permanecendo até nossos dias cheia de força, magia e poder. O autor de *Medéia* nasceu em Salamina, uma ilha próxima a Atenas, local onde pôde formalizar sua educação e adquirir conceitos de cidadão, tão importantes para a época. Para compreendermos o mito de Medéia seria necessário entendermos que o relato mítico não resulta de invenção individual nem de fantasia criativa, mas da transmissão e da memória de uma sociedade.[2]

Qual a importância desse mito para a compreensão das questões humanas e para a interpretação daquilo que era oculto e causava medo? Qual é a importância em questões relacionadas com sentimentos e emoções? Estamos falando de vicissitudes humanas, muitas vezes, coloridas de intensos matizes, como a paixão, o ódio e outros sentimentos, tão bem vividos nessa tragédia. Retratar o mito Medéia é poder adentrar no universo humano, sobretudo no feminino, e ver as mais profundas dores e contradições.

Eurípides, ao construir sua obra, nos deixa traços de como era a vida na sociedade a que pertencia, da qual tentava denunciar o que considerava injusto. Esses relatos que chegam

1 Eurípides, *Medéia, Hipólito e as troianas*.

2 J. P. Vernant, *O universo, os deuses, os homens*, p. 12.

pela narração do poeta são, também, memórias que resistiram e sobreviveram aos tempos, mesmo sofrendo diversas transformações. Podemos conjecturar os traços deixados por tal tragédia, pois nos auxiliam a repensar Medéia como representante de uma subversão ao estabelecido. A forma como essas lembranças-memórias chegam até nós nos mostra a trajetória entre o que pode ser dito, aquilo que emerge de alguma forma, e o que se quer apagar e esconder, mas que em algum momento pode novamente irromper.

A importância da lembrança pelo relato é a maneira de preservar um pouco da história de uma sociedade. No entanto, esta memória que preserva também pode esquecer. É desse jogo de forças, entre o que se pode lembrar e o que se deseja esquecer, que emergem partes de "verdades" que puderam ser transmitidas. Isso pode ser entendido em situações catastróficas da natureza ou em guerras e genocídios, dos quais os próprios sobreviventes, muitas vezes, não querem recordar. As lembranças são muito dolorosas e trazem sentimentos de vergonha. O que também ocorre em regimes políticos nos quais os historiadores tentam recriar uma outra verdade, permitindo que "novas lembranças" venham à tona.

Sobre esse aspecto, o autor Maurice Halbwachs[3] nos mostra que a forma como essa memória funciona é seletiva, além de estar em constante processo de negociação para conciliar as memórias coletiva e individual.

A força da obra de Eurípides e o seu percurso pela história da humanidade talvez sejam reflexos da forma visceral, cruel e verdadeira na qual a paixão pôde se transformar em terrível luta de ódio e dor. A necessidade de repetir uma história significa, também, uma possibilidade de elaborar os conteúdos reprimidos que podem emergir por meio de diferentes sintomas. No caso

3 Maurice Halbwachs. *Memória e esquecimento.*

desse mito, sua universalidade e sua força tocam e despertam tantos sentimentos e julgamentos que parecem, por si, dar conta dessa grandiosidade contida na tragédia.

Medéia era encenada em palcos atenienses, isso significava descer às ruas. Logo, a identificação das pessoas com os personagens da peça parecia mais viva, permitindo a vivência de seus próprios conflitos e ansiedades. Esta mulher, com sua forma incomum de agir, completamente discrepante dos padrões estabelecidos pelo homem grego, mostra que, apesar de ter cometido vários crimes, consegue ser sustentada no lugar de uma sacerdotisa ou feiticeira. Parece contraditório, mas a alteridade se faz presente justamente quando o poeta apresenta tal contraponto.

Eurípides trouxe à tona falas e discursos até então velados, podendo recordar ou lembrar o que estava proibido, o que de mais clandestino poderia irromper. Quando esta personagem surge mostrando sua não-submissão aos valores da sociedade ateniense, encarna sempre a estrangeira, aquela que carrega o diferente, o não-aceitável, o que não se pode ver, revelando algumas memórias que talvez não possam submergir. Uma vez, porém, que essas forças eclodem e memórias começam a jorrar, inicia-se um novo movimento social. Medéia é a essência da transformação, em que valores são revisitados e novamente repensados, abrindo a possibilidade de entrarmos nos aspectos psíquicos da Medéia que existe em cada um de nós.

Eurípides revela o mito de uma mulher que não é aceita pelos padrões da vida ateniense, pois essa sociedade era governada e regida pelas leis dos homens; a liderança e o poder de decisão eram sempre dirigidos pela figura masculina. Essa obra rompe, de maneira muito forte, com antigos modelos de uma sociedade patriarcal, mostrando o quanto a figura mulher-mito serve como modelo de identificação às mulheres de uma forma atemporal.

O surgimento dessa personagem, que mostra um poder de decisão sobre sua vida, rompendo com valores e tradições de seu povo, chegando a cometer atos tão trágicos como as mortes, é um divisor de águas no modo como a mulher era vista pela sociedade. O que parece ser fascinante em Medéia é a força que renasce a cada momento de quase derrota. Uma luta sempre leva a um crescer na sua história de tantas tragédias e perdas.

O teatrólogo e autor do livro *A tragédia grega*[4] nos mostra como era o meio cultural em Atenas e, também, como a sociedade e o Estado eram estabelecidos. Parece pertinente recorrer à sua visão:

> Eurípides não se filiou a nenhuma doutrina determinada. Para ele, não era decisiva a determinação de um sistema, mas sim a entrega ao novo espírito de época e a espécie de indagação que este exigia. Por isto torna-se vão o esforço de querer encontrar em seus dramas uma visão de mundo nitidamente delineada, em todos os seus traços individuais.[5]

Essas características que o autor aponta nos ajudam a vislumbrar certa coerência na obra de *Medéia*, que parece não seguir os padrões estabelecidos naquela época. A criatividade de Eurípides, assim como a ousadia, consegue atingir o lado mais cruel e humano de cada um de seus leitores.

Embora inaugurando um novo momento em que o homem ocupa o lugar central, as figuras dos deuses continuam a atuar. Sendo um seguidor dos sofistas, mas não necessitando divulgar constantemente os seus ensinamentos, Eurípides nos transmite sua vertente. Transpôs para essa obra o movimento não de separação, mas de outra abertura, na qual o homem passa

4 A. Lesky, *A tragédia grega*.

5 A. Lesky, *op. cit.*, p. 191.

a ter um lugar nas suas escolhas, embora tivesse, como base de suas crenças, as divindades. Ele rompe, instaurando esta nova possibilidade, mas passa a recolocar o lugar do desejo, assim como o “livre-arbítrio”. Esta tragédia nos mostra a trajetória humana guiada pelos mais intensos desejos e paixões, nos quais o ódio é expresso de uma forma tão visceral quanto poética. Isso fica claro quando a heroína nos fala: “*O coração tem suas razões que a própria razão desconhece.*”[6]

Essa frase, que chega à atualidade e que se ouve, freqüentemente, até em nossas clínicas, abre um espaço também em nosso coração para podermos sair do lugar de juízes e tentarmos, muitas vezes sem nada dizer, apenas com a nossa escuta, dar novos significados à fala dos nossos pacientes.

Os ensinamentos de *Medéia* podem ser compreendidos como as mais profundas lutas que se travam no interior humano, as quais muitas vezes não possuem heróis, e, sim, forças antagônicas que agem num movimento de muita dor e angústia, e levam, muitas vezes, a desejar ou a cometer atos insanos.

Quem foi Medéia?

NETA DO REI SOL, feiticeira, princesa, uma linda mulher. Parece muito difícil começar a separar os diversos papéis que fizeram parte da trajetória desse mito. Sabemos, pelas obras que nos chegam às mãos, que ela era filha de um grande rei de Cólquida, lugar onde floresciam todos os rituais ligados à terra, nos quais as magias e os sacrifícios humanos eram empregados de forma muito natural.

No filme *Medéia,* do italiano Pier Paolo Pasolini, é interessante notar como o cineasta retrata a distante Cólquida e seus

6 Eurípides, *op. cit.*, p. 12.

ritos religiosos. A figura altiva de Medéia é mostrada em primeiro plano, como se tudo visse e soubesse, ao mesmo tempo em que um jovem do povo é escolhido para ser o "rei" e, futuramente, o sacrificado. A estética do cineasta nos transporta para um cenário mítico, no qual, a figura do Centauro, metade homem e metade animal, tem a função de criar e dar condições a um mundo em que a razão parece predominar, ao mesmo tempo em que tal figura também marca, como uma ponte, o passado (tradições e deuses) e o presente (discurso da racionalidade). As cenas são entrecortadas com as da vida de Medéia, mostrando seus rituais de iniciação e os ensinamentos pelos quais a sacerdotisa deveria passar.

A câmera de Pasolini nos convida a um passeio entre os personagens e a recriação desse universo ininterruptamente mítico, sobre o qual Silva Filho nos diz:

> Em primeiro lugar, ao traduzir para o repertório cinematográfico um texto da dimensão de Medéia, Pasolini teve a lucidez, que contamina toda a sua obra, de fazer com que, mesmo diante das limitações do espaço bidimensional da tela, recursos cênicos como o monólogo direto e o discurso indireto fossem registrados, como se sua câmera atualizasse as virtualidades de um inconsciente ótico, expressão que resgatamos de Benjamin.[7]

O espectador é conduzido a essa outra realidade, passando a ter sensações e sentimentos de estranhamento, como se atravessasse um espaço e entrasse em outro portal. Essa mistura de elementos ajuda a transpor uma barreira e permite que entremos na cena. A figura do Centauro surge como um narrador da

7 J. J. da Silva Filho. *Do conceito de imagem tempo no discurso fílmico de Pasolini: uma leitura de Medéia*, p. 8. Disponível em: www.ufop.br/ichs/conifes/anais/FES/fes0601.htm. Publicado em 12 de novembro de 2004.

vida de Jasão, ao mesmo tempo em que mostra a ele a necessidade de resgatar seu lugar, usurpado por seu tio. O tempo todo, nessa narração, somos convidados a entrar em diferentes universos de uma forma, às vezes caótica, que nos mostra a complexidade entre a narrativa da literatura e do cinema.

Este drama, por intermédio da câmara, nos relata a ida de Jasão em busca do reino perdido. Somente pelo conhecimento de sua história é que ele pode decidir se irá em busca daquilo que o destino lhe reserva. O relato da tragédia–filme é também uma vertente que nos enriquece em outra concepção do tempo–história. A trama da qual Jasão se apropria, de quem tem de partir buscando restaurar um lugar que lhe pertence, ganha força assim que ele empreende uma viagem com os argonautas, tripulantes e bravos guerreiros de uma nave chamada Argos. O Centauro conta a Jasão que tudo começou por causa de um pedaço de pele de cabra, aludindo à lenda do Velocino de Ouro, que mais adiante nosso herói deverá encontrar, como parte da missão para ter seu reino de volta.

O Centauro ressalta que tudo que estava envolvido com o Velocino – como os roubos anteriores – estava ligado a uma questão de ciúmes, dizendo:

> Tudo é santo, tudo é santo, tudo é santo. Não há nada natural na natureza, meu menino. Lembre-se. Quando a natureza te parecer natural, tudo estará acabado. E começará algo de novo. Adeus céu. Adeus mar. Sim, tudo é divino. Mas a divindade é também uma maldição: Deuses amam e odeiam ao mesmo tempo.

A partir dessa fala, as ações começam a ocorrer e é como se houvesse algo de premonitório nesses dizeres. Com esse legado, um Jasão adulto empreende sua viagem. Simultaneamente, a câmera de Pasolini nos mostra uma Medéia tendo visões desse homem, seu objeto de paixão. Quando Jasão chega ao reino distante de Cólquida, em busca do Velocino de Ouro, tem, com surpresa, um encontro com essa mulher-deusa. Ele fica fortemente impressionado com a beleza e a força de Medéia, que se torna sua aliada no roubo do Velocino, mas desejando como recompensa a promessa de partir com ele e ser a sua mulher-rainha. Assim, tem início uma série de assassinatos. Primeiro, Medéia trai seu pai. Em seguida, enquanto foge, leva seu irmão e decide matá-lo, esquartejando-o para que, com isso, pudesse retardar que o pai e seus soldados os encontrassem.

Vemos, então, um personagem que tem como interlocutora uma companhia que rondará constantemente sua existência: a morte. Medéia ajuda Jasão na luta pelo poder e passa a utilizar todos os seus conhecimentos de magia e de outras práticas que faziam parte de sua cultura; por isso, pagará um preço sempre muito alto: o de possuir outros saberes. Medéia, a estrangeira, é aquela que nunca será aceita, que trai seu passado na tentativa de viver um louco amor ou, talvez, um delírio. Na maioria das vezes, o que ocorre nos momentos de paixão também pode ser entendido como um quadro de loucura. Esses estados ficam muito bem delineados quando a personagem central contracena com o coro, que pode representar aspectos de seus conflitos, ao mesmo tempo em que, com suas vozes cheias de lamento e dor, quase antecipa as infelicidades que estão prestes a chegar.

Talvez Medéia tivesse recebido não somente os ensinamentos de magia e de poções perigosas, mas também o legado ofertado pela sua descendência: neta do Sol, filha de um rei da Cólquida e da princesa da Oceania. Todos esses atributos parecem ser fortes o bastante para romperem, quem sabe, com o sentido das regras tradicionais.

Ela, como filha de Cólquida, ligada à sua terra e à luz do Sol, sente-se desolada quando desembarca com seu amor, Jasão, num território onde não se fazem os ritos de reconhecimento e reverenciamento do lugar. No filme de Pasolini, essa cena é retratada com força especial, pois, mostra uma Medéia quase enlouquecida, gritando:

> Fale comigo, terra! Deixe-me ouvir sua voz! Não me lembro mais de sua voz! Fale comigo, Sol! Aonde ir para escutar sua voz? Fale comigo, terra! Fale comigo, Sol! Estão se perdendo para não mais voltar! Não escuto o que dizem! Você, erva, fala! Você, pedra, fala! Onde está seu sentido, terra? Onde te encontro?

Esses são os elementos nos quais as raízes de Medéia estão plantadas. Embora tenha cometido desatinos em nome do amor, ela também acredita que faz parte de um lugar. É esse sentimento de *desterritorialização*, de não ser de nenhum lugar, de ser estrangeira, que será novamente reativado quando, anos mais tarde e com filhos, vai pedir acolhida ao rei Creonte, e este os aceita, pois, Medéia detém estranhos "conhecimentos" que poderão ajudar a afastar os infortúnios e a infantilidade daquele reino. Esse lugar acolhedor se transforma, porém, quando Jasão decide se casar com a filha de Creonte. Para que possa se tornar rei, ele precisará repudiar sua Medéia, que também deverá deixar aquele reino, sendo banida, junto com seus filhos, para outro lugar.

Qual é a dor que Medéia sente? A dor da traição? A dor do repúdio? Sim, mas também a dor de não ser a mais desejada, de perder um lugar. Esse sentimento de abandono permite-lhe planejar os mais terríveis atos, inclusive o infanticídio, como forma de terminar com a descendência de Jasão, punindo-o com a dor máxima.

Como é difícil para alguém aceitar ser trocado por outro objeto de desejo! Embora Medéia tivesse tantos poderes, é na dor de sua alma que ela tenta encontrar um pouco de força. É pela sua vingança que ela buscará um lugar para não se sentir tão miserável.

Medéias vingadoras no espaço terapêutico

COMO PSICANALISTA, tive a oportunidade de trabalhar com um grupo de senhoras com idades entre 60 e 75 anos. Durante o período de atendimento, pude constatar o quanto de dores, amores mal vividos, ódio e, sobretudo, o triunfo da vingança afloravam da boca dessas doces senhoras. Numa das sessões surgiu o tema *Como você se sente em relação a algumas situações do passado?* Uma de minhas pacientes, a senhora Cláudia, relatou ao grupo:

> A vida inteira eu dei duro. Tinha de trabalhar pesado numa indústria e, durante um tempo, tive um patrão que foi muito bom para mim. E eu tinha de ouvir de meu marido, ao mesmo tempo em que ele me batia, quando bebia, que este patrão era o meu amante. Que ódio eu sentia! Que ódio, que vontade de matá-lo! Na verdade, ele é que andava com outras mulheres. Eu me matava de trabalhar e ele ficava no bem-bom. Mas, às vezes, eu conseguia deixá-lo louco na cama, ah... isso eu conseguia. Ele podia ter outras, mas era a mim que ele queria. Num dos dias em que ele me bateu, eu tive tanta raiva que pensei em cortar o pênis dele. Eu só sonhava com uma faca. No dia em que ele estava passando mal, antes de ir para o hospital e morrer, quis fazer amor comigo. Aí eu pensei: 'que desgraçado, ainda assim ele me quer!' Eu fiz amor com ele, mesmo sabendo que ele iria morrer, e eu tinha junto comigo um sentimento de vingança e raiva, afinal, era eu quem dava as ordens. Foi muito bom ter este sentimento de triunfo.

Outra paciente fez um relato narrando sua lua-de-mel, que não fora nada do que ela planejara. O marido nem mesmo a tocou! Ela falou da raiva que sentira, anos mais tarde, ao saber que ele tinha uma amante. Sofrera muito, mas com o envelhecer, guardou dentro de si todas essas dores e, à medida que ele começara a adoecer, era ela quem tomava as decisões:

> Já que passei por tantas coisas, agora que ele está velho, não dirige mais o carro e não cuida do dinheiro, eu decido como gastálo com o apoio de meus filhos. Eu detenho o poder. A minha vingança é deixá-lo sozinho. Vou a bailes, passeio, enfim, mereço! Ele que sofra. Até durmo em outro quarto, pois, não me interessa ficar perto dele. Ele que sofra sozinho, pois, pode me chamar que eu só atendo se tiver vontade, até nossos filhos me dão razão.

Outra senhora, que chamarei aqui de senhora Marta, relatava o quanto se sentiu vingada, após muitos anos. Seu marido era alcoolista, e ela vivera um inferno dos mais terríveis. Após várias internações em clínicas, ele conseguiu fazer um tratamento. Ela comentava que participou direta e ativamente dessa melhora do marido, mas que, após essa "*cura*", era ela quem dirigia a vida dele. Sua fala, carregada de ódio e júbilo, vinha também com muita alegria, pois ela dizia que agora era dona dele, e tudo que sofrera no passado podia, então, ir "*descontando*". Quando os dois iam a uma festa, ele não comia nada sem antes ter a aprovação dela, não podia gastar nenhuma parte do dinheiro sem que ela fosse consultada. Esse era o ritual que essa paciente relatava, como sendo o seu momento de força, pois o marido dependia dela para tudo. Quão forte, poderosa e vingativa ela se mostrava, sempre recordando de como ele gostava de flertar com outras mulheres: *Agora*, (ela dizia) *só eu posso mandar. Eu é que decido tudo*.

Essas falas mostram o quanto essas mulheres construíram suas vivências calcadas em raiva, ódio e vingança. Muitas vezes, o aspecto Medéia pode ser uma possibilidade de sobreviver ou, então, de ter um triunfo sobre as frustrações. No momento do envelhecer, ressurgem, com muita força, as perdas e os aspectos narcísicos de cada um. O espaço terapêutico pode promover um novo significado para essas histórias, nas quais, talvez, essas *Medéias* possam encontrar outros abrigos que as façam sentir-se pertencentes a um novo território e por ele serem responsáveis: "suas próprias escolhas".

Deixa em paz meu coração

A FORMA QUE A Medéia do mito pôde dar ao seu desespero foi tramar a morte da nova esposa de Jasão, por meio de presentes que enviava por seus filhos. Nesse momento, vemos a personagem tentando ser mais dócil, fingindo acatar as ordens de Creonte e pedindo somente um dia a mais para ficar naquele reino. Medéia, ainda num exercício de consciência e muita dor, tenta negociar consigo mesma sobre se deve ou não executar seus filhos, mas acaba por decidir que se os fez nascer, ela os fará morrer, pois, assim, ninguém mais rirá de suas desgraças. Além disso, já que eles deverão morrer um dia, que seja naquele momento.

Ocorre, porém, um importante diálogo na tragédia de Eurípides, entre Medéia e Jasão, que me parece importante retomar, pois mostra toda a pujança que precede a morte:

> Medéia
>
> Imploro, Jasão! Peço-te perdão por tudo
> Que já disse; Deves ser compreensivo
> Em meus momentos de exasperação, depois
> Das provas incontáveis de paixão recíproca!
> Eu mesma ponderei e até me censurei:
> Por que tamanha insensatez e hostilidade
> contra decisões razoáveis, infelizes?
> Por que tratar como inimigos, os senhores
> Deste lugar e um marido que age de acordo com nosso

interesse, ao casar agora
Com uma nova princesa para dar novos irmãos
Aos filhos meus? Não renunciarei, então
Ao meu rancor? Que sentimentos serão esses
Quando os bons deuses encaminham bem as coisas?
Não tenho filhos? Já fui banida antes
De outras paragens, de onde vim sem um amigo?
Essas ponderações me fizeram sentir toda a minha imprudência
e toda a desrazão de meu ressentimento. Agora estou de acordo
Com o teu procedimento e julgo-te sensato
Por teres desejado uma aliança nova
E chamo-me demente, pois eu deveria ter-me aliado
A ti em tuas pretensões
E te ajudar a realizá-las, e ficar
Junto ao leito da noiva e sentir o prazer
De dispensar-lhe mil cuidados. Afinal,
Nós as mulheres, somos todas o que somos
E não falarei mal de nós. Não deverias,
Pois imitar-me nas injúrias nem, tampouco,
Opor frivolidades.
Rendo-me à evidência agora e reconheço
Que antes pensava erradamente, mas tomei
Há pouco uma resolução mais acertada.

Esses versos de Eurípides, revelados na fala de Medéia, mostram a tentativa de dissimular a vingança. Medéia pretende enganar Jasão, representando o papel de "boazinha" para ganhar tempo e realizar seu propósito: a vingança.

Muitas vezes, pude escutar as dores de mulheres que se sentiram abandonadas e sem novos referenciais, principalmente, as com certa idade que, segundo a nossa sociedade, deveriam viver como aposentadas. Não um aposentar-se dos sonhos, mas, sim, das amargas realidades vividas, das dores que o cotidiano nos coloca. É muito dolorosa a percepção de que o tempo e os valores agregados a ele existem. Quando essas senhoras *Medéias* falam de seus sentimentos, de se sentirem feias e velhas, talvez só tenham um desejo nesse momento de abandono: o de serem vingadas. A dor do abandono reativa todas as marcas, assim como o olhar no espelho pode refletir algo que não se queira ver. Essa dor da perda do amor, da perda de um lugar, leva a um sentimento de derrota, faz que sinta todas as defesas ameaçadas. Seria a quebra do espelho que reflete aquilo que não se pode ver. É uma quebra do narcisismo e, muitas vezes, torna-se quase impossível juntar alguns pedaços. A personagem Medéia também se percebe destituída de quase tudo. Todo o mundo ao qual pertencera, agora, não existe mais...

> ...a injúria é a injúria narcísica. Medéia lembra ter abandonado o pai e matado o irmão, mas não sente culpa. Sente vergonha, sentimento próprio de um narcisismo ferido, de um sentimento de inferioridade frente a um ideal, o ideal de ego, herdeiro do narcisismo. Estar aos pedaços: essa é sua vivência interna.[8]

Medéia vive a dor da destruição e da perda de um mundo que não lhe pertence mais. Tudo aquilo que havia criado, quem sabe magicamente, começa a deixar de existir. Medéia sente-se sozinha, abandonada, sem um pai que a proteja, embora tenha o Sol como a sua maior força. A dor de perceber que realizou uma escolha que não deu certo, o medo de perder o lugar de filha querida e, mais tarde, de mulher amada, podem ser os elementos que levaram a esse desfecho trágico.

Medéia mata seus filhos num ritual de amor, e acredita que por esse ritual está dando a eles um outro lugar, conseguindo

8 CEP de Pará. Grupo de Estudos *Mitologia e psicanálise*, p. 3.

ferir, no âmago de seu ser, Jasão, que também perde suas forças. Mas a personagem Medéia, segundo alguns autores, sai triunfante, em direção de seu outro destino. Levada por serpentes aladas, ela parte. Talvez, para um encontro com as suas raízes primárias, quem sabe, em busca de tudo aquilo que abandonara, correndo em direção ao Sol.

REFERÊNCIAS BIBLIOGRÁFICAS

CEP DE PARÁ. Grupo de Estudos *Mitologia e psicanálise*. Pará, 1988.

SILVA FILHO, J. J. DA. *Do conceito de imagem tempo no discurso fílmico de Pasolini: uma leitura de Medéia*. Disponível em: www.ufop.br/ichs/conifes/anais/FES/fes0601.htm.

EURÍPIDES. *Medéia, Hipólito e as troianas*. Rio de Janeiro: Jorge Zahar, 1991.

HALBWACHS, Maurice. *Memória e esquecimento*, 1996.

LESKY, A. *A tragédia grega*. São Paulo: Perspectiva, 2001.

VERNANT, J. P. *O universo, os deuses, os homens*. São Paulo: Companhia das Letras, 2000.

UM CASO DE AMOR... CLÍNICO – SOBRE O AMOR DE TRANSFERÊNCIA NA ANÁLISE

LEONARDO LUIZ

Por que escrevemos um caso? A resposta é simples: escrevemos para compartilhar, relatar um encontro com a singularidade daquele que sofre. Colocar em cena uma situação clínica e, por seu intermédio, ilustrar uma ou mais elaborações teóricas.

> Em sua acepção mais comum, a expressão 'caso' designa, para o analista, o interesse muito particular que ele dedica a um de seus pacientes. Na maioria das vezes, esse interesse leva a um intercâmbio de sua experiência com colegas (supervisão, grupos de estudo clínico etc.), mas, vez por outra, dá margem a uma observação escrita, que constitui, então, o que realmente chamamos de caso clínico.[1]

Pois bem, aqui apresento as observações sobre a transferência maciça que vivenciei na minha clínica há alguns anos. Talvez falar em transferência, hoje, seja tão óbvio que o leitor possa, de imediato, não se interessar por este relato. Mas a minha intenção ao redigir este texto sobre tal tema era de encontrar uma *escrita terapêutica*. Uma dose de frustração permeara o ca-

1 J. Nasio, *Os grandes casos de psicose*, p. 11.

so, e escrever sobre tal sensação foi uma ajuda e tanto, um alívio. Os colegas analistas sabem a que me refiro, são os pacientes que vêm e vão, muitas vezes, sem justificar (e deveriam?); outras vezes, com argumentos tão clássicos, estereotipados, que nosso maior conforto é saber/admitir que isso está previsto na nossa escolha, mas, mesmo assim, somos lançados a questionamentos duradouros.

Ao nos colocarmos disponíveis para escutar o outro, não há como abrir mão da nossa singularidade. E de fato, ao receber alguém, é claro que nossas angústias e frustrações (advindas dos casos) são companheiras fiéis do nosso pensamento...

Aqui, não realizo um estudo teórico sobre o mecanismo de transferência ou da tão polêmica contratransferência, que não poderia deixar de estar envolvida, mas, fundamentalmente, meu objetivo foi criar reflexões a partir do incômodo provocado pela interrupção do processo analítico. Ressalto que minha ignorância (pouca experiência) "sadia" – como decidi nomeá-la – foi relevante para o processo. Sem ela, o amadurecimento de idéias não teria acontecido, e o caso estaria fadado ao esquecimento.

O leitor atento perceberá que cada fragmento do caso traz uma epígrafe que, num primeiro momento, se propõe a "explicar" musicalmente (já que todas são trechos de canções) alguns encontros. Amanda é a protagonista de nosso relato: adolescente, 16 anos, estudante do ensino médio...

Comecemos pelo 'fim':

Amanda se ausenta. Tenho, ao mesmo tempo, duas sensações distintas: a primeira é a vontade de que ela continuasse, falasse mais sobre a carta, enviada dias antes de a sessão acontecer, porém a sessão não aconteceu. Pelo menos escreveu, já que sua 'timidez' quase sempre a silenciava. Tudo era novidade para mim. Meu desejo era de que tudo viesse à tona, que o conteúdo amoroso da carta pudesse ser verbalizado, trabalhado, entendido e elaborado. Afinal, não é isso que se espera da transferência: o amor? Então, era em torno disso que nosso "namoro" tinha de acontecer. No entanto, tive medo. A vontade de produzir e colher frutos com a "demanda do caso" poderia não dar certo. Logo, a segunda sensação se faz presente: desconforto e frustração, ela não compareceu (deu um tempo?), e eu me senti impotente. Não era a primeira vez que esse tipo de transferência amorosa ocorria em meu consultório, mas, nesse caso, tinha um caráter muito peculiar em razão do modo como se apresentou.

Às vezes, penso que ela não agüentou a *ausência do objeto*, por ser tudo muito difícil, intenso e doloroso. Mas, em verdade, só escrevendo sobre o breve tempo que estivemos juntos é que pude sentir-me mais tranqüilo. Pois, como já enunciei, de certa maneira, esta escrita está sendo um exercício para entender o "caso". Queria que a novidade acontecesse claramente, mas, ao mesmo tempo, o medo de não saber lidar com os conteúdos ocultos, que poderiam acompanhar esse algo novo, resume bem as duas sensações distintas.

O "último" telefonema

"Tá tudo cinza sem você, me telefona,
me chama, me chama, me chama..."
(LOBÃO, *ME CHAMA*)

EU: *Então, recebi sua carta e percebi que muito do conteúdo que ali está, precisa ser conversado por nós dois. São questões muito importantes que já tinham aparecido, mas, me parece que só agora puderam ser expressas por você...*
ELA: *Acontece que eu tenho vergonha, quando estou aí não consigo falar nada...*

EU: *Mesmo assim, faça um esforço, tente deixar um pouco essa vergonha de lado e venha.*
ELA: *Tudo bem.*
EU: *Na quarta às dez?*
ELA: *Na quarta às dez.*

Ela não veio! Será que já está na Bahia?

Eu preciso dizer que te amo, te ganhar ou perder sem engano...[2]

"Antes de existir a voz existia o silêncio; o silêncio... Foi a primeira coisa que existiu, um silêncio que ninguém ouviu, astro pelo céu em movimento e o som do gelo derretendo, o barulho do cabelo em crescimento e a música do vento..."
(ARNALDO ANTUNES E CARLINHOS BROWN, *O SILÊNCIO*)

EU ESTAVA REALMENTE intrigado/preocupado com o conteúdo da carta, com o estado de Amanda, com sua viagem para a Bahia (que interromperia seus estudos) e com tudo aquilo que mudaria em sua vida a partir de então. No fundo, eu estava me perguntando sobre seu bem-estar. Algumas frases da carta chamavam bastante minha atenção, eram intensas (*Minha vida está horrível; sou a pessoa mais infeliz deste mundo*); é claro que poderíamos suspeitar de uma certa intenção, talvez, de provocar pena, de ser vista como vítima, forjando o sofrimento. Estranho que esse pensamento tenha ocorrido, pois era evidente que todos os atuais acontecimentos de sua vida a marcavam muito; por que eu era tomado pela suspeita que fosse algo 'forjado'? Só ao ler a carta – já que o meu pensamento, citado

2 Bebel Gilberto e Cazuza, *Preciso dizer que te amo*.

anteriormente, nasceu nas sessões, e foi nesse contexto que eu 'desconfiei' do sofrimento – senti o quanto daquela dor saltava do papel: as letras eram ejetadas e me atingiam nos olhos, distorcendo minha visão. Estava impedido de perceber exatamente o que se passava, surdo e cego para o que já estava explícito, considerando os fatos como tenuamente implícitos. Ou seja, eu demorei ou não queria perceber (medo?) que ela estava realmente apaixonada. Mas já estava dito, *Eu penso em você o dia todo, eu estou apaixonada por você*; o que eu queria, que fosse "gritado" por ela na sessão?

Onde estava dito? Pelo seu silêncio já era possível ouvir muitas coisas, mas eu não estava muito atento, queria sons, barulho, ruídos...

"Se(i)duzir"

"Cantar é mover o dom do fundo de uma paixão.
Seduzir... amar é perder o tom nas
somas da ilusão, revelar todo o sentido"
(DJAVAN, *SEDUZIR*)

EU FUI SEU PROFESSOR substituto. Recordo-me, agora, da sua presença nas três aulas que ministrei na sua turma. Lembro-me de como ela sorria das "piadinhas" ou exemplos dos assuntos abordados, que tinham como objetivo principal chamar a atenção, de forma criativa e construtiva. Afinal, não é fácil lidar com uma sala – quarenta/cinqüenta alunos em média – de adolescentes interessados em muitas outras coisas que não necessariamente estudar, aprender...

É importante lembrar que, invariavelmente, o professor está, de algum modo, sempre ocupando um lugar de domínio do saber. Esse lugar nos remete, algumas vezes, à curiosidade e ao interesse dos alunos. Efeito da 'transferência'/identificação, suscitada por esse tipo de relação.

> Qual o lugar da sedução no processo de ensino-aprendizagem? (...) a sedução está presente desde o princípio em nossa vida, em todas as nossas relações; ela é parte essencial de toda e qualquer relação; é a condição mesma para que toda relação possa ocorrer, incluindo a relação com o saber.[3]

Justamente em função da transferência, não se pode esquecer que a presença e o 'funcionamento' da escuta são fundamentais. Contudo, isso não evita alguns episódios constrangedores.

Certo dia, uma garota (também aluna do colégio) se apresenta como amiga de alguém que precisaria de meus serviços como psicólogo e pede meu cartão. No mesmo dia, a futura cliente se identifica – acompanhada pela amiga, que a acompanhará em todas as futuras sessões – marcando assim o horário.

Ela aparece no consultório; além da amiga, vem o irmão mais velho. Sou tomado por uma primeira impressão, que se confirmaria mais tarde, nas demais sessões. Havia um certo exagero em sua maneira de se vestir, se perfumar e/ou se maquiar. Certas roupas marcavam acentuadamente seu corpo "gordinho", criando efeito contrário àquele que talvez visasse. Para mim, o efeito era brega, cafona: muito batom, muito perfume, e este, na minha sala, impregnava-a permanecendo ainda durante alguns minutos depois de sua saída.

Um dia, após a segunda sessão, "uma amiga" (a que a acompanhou) me liga e diz: "Acho que a Amanda está gostando de você". Pego de surpresa e sem saber muito o que falar, digo, 'classicamente', que não é isso e que, por uma série de razões,

3 Dany Al-Behy Kanaan, *O canto das sereias: o lugar da sedução no processo de ensino-aprendizagem*, p. 4.

no lugar de seu professor, Amanda me colocava na posição daquele capaz de compreender sua dor, seu sofrimento, capaz de ser seu amigo, enfim, disse que eu estaria representando, naquele momento, algo bom, que ela queria/precisava; e pedi que Amanda me procurasse.

Que defesa! Por que falei isso à amiga? Bem, Amanda poderia estar ao lado ouvindo, mas creio que fui excessivo nas explicações. Eu me defendia, tinha medo de estar envolvido em algum esquema complicado, era como se eu quisesse deixar tudo muito claro e transparente. Que sensação contraditória, ao mesmo tempo em que desejava continuar atendendo o caso, eu temia estar minando nossa relação com meus receios.

Algum tempo depois, recebo um novo telefonema. Dessa vez, a prima foi a mensageira do amor que Amanda estava sentindo. Tomado pela irritação, peço simplesmente que Amanda entre em contato, caso quisesse falar sobre o assunto.

É pau, é pedra, é o fim do caminho...[4]

"Se me ofendes tu serás ofendido, pois,
quem com ferro fere, com ferro será ferido"
(MARINO PINTO E PAULO SOLEDADE, *CALÚNIA*)

AMANDA COMEÇOU a ser atendida no começo do mês em que eu havia planejado minhas férias. Por 'descuido', esqueci de mencionar a interrupção das sessões que estaria para acontecer. Meio atordoado, ao me dar conta disso, na semana em que encerraria minhas atividades no consultório, comunico o fato a ela e propus, ainda, mais dois atendimentos na semana seguinte (sem dizer-lhe que adiava minhas férias por uma sema-

4 Tom Jobim, *Águas de março*.

na). Ela recusa os horários, dizendo que não seria possível. (Penso: outrora ela podia. Estaria começando a fuga da nossa realidade para o mundo encantado dos contos de fada?) Tudo bem, marcamos seu retorno, mas que não poderia ser na data que eu sugeri – minha volta ao consultório –, e, sim, vinte dias depois, pois ela faria uma viagem. E assim foi. Na data combinada, ela aparece, fala muito pouco. Não quis comentar, de modo algum, sobre os conteúdos presentes no cartão de Natal (*E parece que eu só sei viver e ser feliz, quando você está perto de mim.*), que foi entregue pela amiga, junto com a caixa de bombons, na última sessão antes das férias. Não insisti, mas fiquei visivelmente irritado e interrompi a sessão muito rápido. Ao propor o próximo 'encontro', ela diz que ainda não tinha viajado e iria a Brasília visitar uma tia. Viagem já marcada, com passagem comprada havia algum tempo. E ela esqueceu de me avisar... talvez como eu, que não falei das férias com antecedência... Me senti 'traído', 'abandonado'.

Voltando à pergunta, *onde estava dito*? Ora, o tempo todo estava dito naquilo que vou chamar, para exemplificar, de 'atravessamentos'. Quando ela me procurou 'usando' a amiga para marcar a sessão; quando, também, 'usa' a amiga para fazer a primeira ligação ou a prima para a segunda, ambas com o mesmo enredo; quando entrega, pela amiga, uma caixa (em forma de coração) de bombons, com um cartão (em mãos?) com pelo menos três discursos distintos; e, ainda, quando tudo aquilo foi revelado nas sessões, por meio de falas, como: *Estou com vergonha, tenho coisas para dizer que fico sem graça...* Em todos os casos, ela nomeia vários outros remetentes para se corresponder comigo, até finalmente se declarar pela carta, que recebi, via correio, após a 'última' sessão, a primeira depois do retorno das férias. Nessa carta, dentre outras coisas, me comunicava a desistência de sua ida para Brasília e a intenção de ir definitivamente para a Bahia.

Solidão é lava que cobre tudo...[5]

"A solidão é fera, a solidão devora, é amiga das horas prima-irmã do tempo e faz nossos relógios caminharem lentos, causando um descompasso..."

(ALCEU VALENÇA, *SOLIDÃO*)

SUICÍDIO DA MÃE – foi o que a trouxe ao meu consultório. Havia encontrado o corpo minutos após a morte: a mãe se enforcara na varanda com um cinto. Conta como esse acontecimento a cercou de medo. *Principalmente de ficar sozinha.* Teve desmaios e vê imagens da mãe. Assim, sempre há alguém – uma amiga, uma prima, o irmão – por perto (em silêncio?) para que ela se sinta mais segura. *Eu sempre fui muito medrosa, mesmo antes disso, tinha medo de escuro, de ficar sozinha etc.* Essa fala me provoca curiosidade, me faz imaginar, pela primeira vez, que a morte da mãe não era o único desencadeante de sua demanda. Soma-se a isso a impressão de que Amanda se mostra um pouco alheia ao sofrimento e ao luto, confirmando a necessidade da presença de outros, inclusive, a minha. Talvez seja em virtude desse desamparo a sua necessidade de chamar a atenção pelo uso excessivo de batom, perfume e roupas; formas de aparecer, de se fazer notar pelo outro. Ou seja, uma tentativa 'equivocada' para sentir-se aceita. Vemos, assim, o excesso contrastando com seu silêncio: Amanda apresentou-se, o tempo todo, de maneira intensa, marcante, excessiva. O silêncio "quebraria" a sonoridade de outros decibéis.

Mesmo desejando meu amor, meu interesse ou simplesmente minha presença, Amanda não suportava estar perto, falar comigo, me olhar; acredito que ela queria que eu sentisse sua falta. Não aparecia, mas me informava, mesmo não aparecendo para a

5 Paulinho da Viola, *Desilusão*.

sessão, fazendo-se presente pela ausência; não falava, mas escrevia. (*Leo, meu pai mandou eu passar com você nessa quarta, mas eu falei que não, porque eu não preciso mais passar aí. Mas, eu me sinto tão bem indo conversar com você...*) Em resumo: ela não suportou a presença e não agüentou a ausência. 'Preferiu' estar sozinha.

Pai, afasta de mim esse cálice...

"Como beber dessa bebida amarga, tragar a dor,
engolir a labuta; mesmo calada a boca,
resta a cuca; silêncio na cidade não se escuta"
(CHICO BUARQUE E MILTON NASCIMENTO, *CÁLICE*)

O PAI, NÃO SEM A AMIGA, acompanha a filha na segunda sessão. Quando recebo Amanda na sala de espera, ele me pede cinco minutos para conversarmos. Evangélico, migrante nordestino, afirma de cara: "nosso (dos evangélicos) psicólogo é Deus, mas ela (que não é evangélica) está sofrendo muito e gostaria que o senhor pudesse pôr na cabeça dela, que isso (as visões/alucinações) são coisas da cabeça dela". Propõe, ainda, que as sessões tenham um número definido – seis; com seu pedido negado, não insistiu.

Penso que esse pai quis delegar a mim um poder para mudar as coisas, talvez em função de um sentimento de impotência ("o senhor" – psicólogo/deus); ao mesmo tempo, há uma tentativa de controle, ao querer impor um limite, quando sugere seis sessões. Será que ele sabe o significado do número seis para o Apocalipse bíblico? É o número da besta! Deus e o diabo.

Outro fator interessante, que parece confirmar esse 'jogo' de autorizar ou não, é que, até esse momento, os honorários ou qualquer outra cláusula exterior não estavam em discussão, razão pela qual pode-se supor que *o limite* imposto pelo pai exercia a única função de controlar.

Mamãe, mamãe, não chore, a vida é assim mesmo...[6]

"Tell me mama is your life a better change?
And tell me mama
Would you live your life the same or come back
And rearrange?"
(LENNY KRAVITZ, *THINKING OF YOU*)

AMANDA CONTA QUE a relação com sua mãe era normal, não tinham problemas, *ela até era muito boa.* Amanda acordava sempre tarde, entre 10h e 11h, almoçava, não tinha atividade alguma à tarde; às vezes, ia até a casa de amigas. Relata que, em pelo menos dois episódios, nos quais saiu com amigos e bebeu, chegou em casa bêbada. Diz, também, que contou para a mãe quando namorou (estava apaixonada) com um homem mais velho e casado. Era 'protegida' pela mãe, que não contava para o pai (o que ele faria?). Esse relato parece soar sem afeto. A impressão é de queixa, de falta de cuidado por parte da mãe. Pois não contar coisas para o pai não significa afetividade. Há, sim, uma cumplicidade, mas nada que pudesse considerá-las duas grandes amigas. Havia penas uma cumplicidade entre as duas, excluindo o pai. Tal cumplicidade seria uma maneira de negar seu sentimento de abandono em relação à mãe? Ressentimento é outra impressão: será que os irmãos, ambos mais velhos, um inclusive com a perna quebrada (portanto, demandando maior atenção), teriam um tratamento privilegiado na família? Será que Amanda se sentia enciumada? Penso que sim.

A semana que antecede o suicídio (certamente planejado), é munida de recados e avisos da mãe: "Se eu morrer, cuida dos seus irmãos", "Se eu morrer um dia, não quero que você se sin-

6 Caetano Veloso, *Mamãe não chore.*

ta culpada...”; ou para a tia: “Se eu morrer, assuma os cuidados da Amanda”. A filha passa a “ocupar” o lugar da mãe (no silêncio também?), limpa a casa, cuida dos irmãos e cozinha para o pai, que trabalha à noite (ausente). Reclama um pouco disso, mas se vê na obrigação de realizar tais atividades.

Parece haver aqui uma sucessiva atribuição de papéis: Amanda cuida do pai e dos irmãos; a tia (que mora longe) ‘cuida’ de Amanda; e o analista? *Falar que você é o meu coração, resume bem o que sinto por você. Porque sem coração a gente não vive. (...) E se você é o meu coração, só peço uma coisa: cuida bem dele p/ mim.* Aqui está ela, pedindo um cuidado/atenção que a tia não poderia dar, pelo menos não suficientemente...

Eu até te entendo, você jamais iria se interessar por uma pessoa como eu. Você tem um lindo futuro pela frente. Ela entende, mas não aceita (por isso não quer conversar sobre as questões que a tiram, obrigatoriamente, do mundo de fantasias – contos de fada, como aparecerá no cartão que escolheu...) e sofre com isso. Ao mesmo tempo que posso ser seu príncipe, tornando seu desejo realidade, posso ser a bruxa ou o dragão malvado, arquitetando (ao chamá-la para conversar) um plano diabólico para que seu desejo seja apenas utopia. Mais uma razão pela qual, suponho, ela foge – perdida e assustada na floresta desconhecida – dessa complicada história, da qual não se conhece o desfecho final.

A lente do amor

"Vejo meu bem com seus olhos e é com meus olhos
que meu bem me vê"

(CHICO BUARQUE E EDU LOBO, *MEU NAMORADO*)

ELA QUER QUE eu a veja com os olhos da paixão. Me diz como me vê e como quer ser vista. Eu preciso notá-la, entendê-la, acolhê-la – do jeito que ela é. Como uma mãe, boa e compreensiva; como um pai que, além de amor, lhe dê limites. Esses são os pedidos.

A mãe está silenciada. Como não deixou evidente nada que justificasse sua atitude, podemos supor que, simbolicamente, já estava silenciada em vida. Amanda não soube dizer com precisão, mas sua mãe teve um antecedente psiquiátrico e foi medicada durante algum tempo. Fico pensando como era conviver com esse homem que trabalha à noite, dorme de dia e, provavelmente, freqüenta os cultos aos finais de semana sozinho. Lembremos que a mãe não possuía nenhum vínculo com a igreja, o que limita o diálogo... E mais, podemos pensar que o enforcamento literalmente silencia, pois, a passagem dos sons se dá pelas cordas vocais. O cinto com o qual a mãe se enforcou era do pai?

A mãe morre asfixiada pelo que não pôde/conseguiu dizer; morre estrangulada, estrangulando todos os afetos silenciados. Assim, há a identificação/apropriação do papel representado pela mãe por parte de Amanda. Como a mãe não pode falar e, com Amanda ocupando tal lugar, é natural que Amanda esteja silenciada, ainda que em vida.

Por que cresceste, curuminha, assim depressa, e estabanada. Saíste maquilada, dentro do meu vestido...

"... se fosse permitido, eu revertia o tempo, pra reviver
a tempo de poder te ver com as pernas bambas curuminha,
batendo com a moleira, te emporcalhando inteira (...)
pelo cordão perdido, te recolher pra sempre, à escuridão
do ventre, curuminha, de onde não deverias nunca ter saído"

(CHICO BUARQUE, *UMA CANÇÃO DESNATURADA*)

O SUICÍDIO DE sua mãe, situação repleta de sofrimento e dor, mudou uma série de aspectos na vida de Amanda. Ele detonou, por vias nem sempre retilíneas, afetos e sensações que não teriam sido pensados sem o acontecimento trágico da morte. Suponho que a transferência amorosa já estava estabelecida desde a relação com o professor; e se for assim, a morte da mãe, mesmo causando um sofrimento intrínseco a esse acontecimento, foi um viés usado para poder se aproximar.

O que isso quer dizer? Essa garota, insegura, por vezes acuada, com medo, assustada, provocando uma imagem de desamparo, em razão do olhar tristonho e já sem brilho algum, vê, agora, no analista, a possibilidade de amenizar esse sofrimento; no entanto 'sabe', também, que o inverso pode acontecer e o sofrimento se intensificar. Como talvez saiba que, no fundo, o 'conto de fadas' não é real, não tem alternativa a não ser se esconder, mesmo deixando pistas de seu paradeiro.

Em alguns momentos, Amanda dizia sentir-se culpada – apesar de que, o próprio aviso a isentaria de tal sentimento – pelo suicídio da mãe; mas o que poderia estar por trás desse sentimento de culpa? Será que Amanda imaginava poder 'salvar' a mãe, mas não conseguiu ouvi-la em seu pedido de socorro? Mas, também, como fariam, ambas 'surdas', ambas 'mudas'? Talvez, por essa razão, restou a Amanda responsabilizar-se pela casa, assumindo as atividades da mãe; acordar cedo – coisa que nunca fizera, como já mencionamos –, cozinhar para a família, preocupar-se com o irmão – envolvido, por sinal, numa confusão (briga de rua), deixando-a "abalada" – ou com o atraso de todos para chegar. Sem contarmos com o fato de que não dormia muito bem e a mãe aparecia em sonhos: o "fantasma" materno a 'perseguia'.

Um mundo encantado...

"Narizinho, Narizinho, sonha, sonha com amigos,
uma fada brasileira, de agrados e castigos. Sonhando abrir
as portas do Reino das Águas Claras, com um céu
de estrelas marinhas e um chão de conchas raras"

(GILBERTO GIL, *NARIZINHO*)

A DIFICULDADE em se aproximar dos outros (prova disso são os atravessamentos) permitiu que Amanda só pudesse aproximar-se do analista, do seu modo pouco maduro, sem elaboração. Isso tirou-lhe a oportunidade (vontade?), o que não é nada bom, de se dar conta dos aspectos figurantes nessa relação que, penso, também deixaram marcas em sua história de vida.

História que poderia ser estória... A inscrição impressa no cartão que Amanda me escreveu diz o seguinte: na capa, *A sua companhia...*; e dentro, *... é uma gostosa viagem, nas histórias dos contos de fadas!*. Em uma das releituras que fiz do cartão, me ocorreu a seguinte idéia: num conto de fadas, as condições mais improváveis podem ser realizadas, ali eu posso vê-la como ela quer ser vista, bonita, magra, sem diferenças, sendo amada incondicionalmente, pois o conto de fadas...

> ... deixa todas as decisões a nosso encargo, incluindo a opção de querermos ou não chegar a decisões. Cabe-nos decidir se desejamos fazer qualquer aplicação à nossa vida a partir de um conto de fadas, ou simplesmente apreciar as situações fantásticas de que fala. Nosso prazer é o que induz a reagir, segundo o tempo que estamos vivendo os significados ocultos, na medida em que podem relacionar-se à nossa experiência de vida e atual estado de desenvolvimento pessoal.[7]

7 Bruno Bettelhein, *A psicanálise dos contos de fadas*, p. 54.

Mas, contraditoriamente (pois ela não *decide*, real e definitivamente), quando ouve: *Venha, vamos conversar sobre o fato de você ter dito que está apaixonada*, parece que isso lhe dá indício de que a fantasia pode deixar de existir; a minha fala a levaria ao encontro da realidade. E não é isso que ela quer ouvir; logo, não vem.

O que, por um lado, poderia ser interpretado como algo benéfico: *você jamais iria se interessar por uma pessoa como eu*..., afinal, é um artifício que ela está usando para lidar com seu sintoma, se assim podemos chamar. Por outro lado, pensar na idéia de estruturar sua história como a magia de um conto de fadas é o mesmo que usar uma lente com propriedades distorcidas, lente que pode tirar do foco a dor, mas não a isenta do sofrimento em sua origem, ambos efeitos 'mascarados'.

Seu silêncio é mantido para não quebrar o encanto.

Por essas mal traçadas linhas...

"Chega de tentar, dissimular, disfarçar e esconder
o que não dá mais pra ocultar e eu não posso
mais calar (...) não dá mais pra segurar explode coração"
(GONZAGUINHA, *EXPLODE CORAÇÃO*)

DENTRE OS 'ATRAVESSAMENTOS' mencionados durante o período em que se deram as poucas sessões com Amanda, dois deles podem ser considerados muito importantes em sua significação. Um deles, o cartão de Natal, reproduzido adiante; o outro, a carta, recebida via correio, optei em não transcrevê-la neste espaço, primeiro, em razão de grande parte de seu conteúdo estar mencionado neste trabalho direta ou indiretamente; e, segundo, para preservar alguns dados da paciente e esse gosto de mistério no *the end*, que também 'seduz', mesmo fora dos contos de fadas.

A • *Leonardo*
Nem todo mundo acredita que uma amizade pode ser sincera e verdadeira... Mas se todos tivessem uma amizade como a sua talvez pudessem perceber como é bom poder confiar em alguém como você.
B • *Leo*
Falar que você é o meu coração, resume bem o que sinto por você. Porque sem coração a gente não vive. E parece que eu só sei viver e ser feliz quando você está perto de mim. E se você é o meu coração, só peço uma coisa cuida bem dele p/ mim.
Tchau! Um feliz Natal e um próspero ano-novo cheio de paz e felicidade. Beijos Amanda.

Ao lado direito do cartão, acima dos dizeres ... *é uma gostosa viagem, nas histórias dos contos de fadas!* (começando realmente com minúscula):

C • *não sei como me expressar para você mas quero que você saiba que eu te admiro muito e gosto muito de você.*
você é uma pessoa excepcional. eu não tenho muitas palavras para falar para você mas nem todas palavras vão me *(aqui há uma correção contornando uma outra palavra, não fica claro se o "me" é erro ou não, pois, primeiro, foi alterada com corretivo, depois colou por cima uma "borboletinha" brilhante) *expressar o que você me transmite.*

Como observamos, o cartão apresenta três momentos distintos. Em *A*, Amanda mantém um tom extremamente formal, em que as expressões *sincera amizade* e *verdadeira* agem como ilustrações de nosso primeiro momento transferencial – aquele em que nos encontramos na relação ensino-aprendizagem –, o professor em quem ela pôde confiar. Ela escreve "se todos tivessem uma amizade como a minha", revelando aí, mais uma vez, sua exclusão, pois, há um partilhamento, do qual, novamente, ela se isenta. Faz parte de um verdadeiro mundo de fantasias. Constrói imagens, deixa o outro de fora, não dialoga, viaja, 'tira' férias e não volta. E continua dizendo que 'é bom confiar em alguém como eu', entretanto, não conta comigo; que confiança é essa? Em *B*, não sou mais Leonardo, sou Leo, e seu amor é confessado, o tom é íntimo, é como um bilhetinho que se escreve ao namorado declarando algo muito especial e intenso. E, ainda, 'pede para que eu cuide de seu coração'. Com isso, Amanda transfere toda a responsabilidade de seus cuidados para mim e isenta-se, mais uma vez, de assumir, ela mesma, uma posição madura. Finalmente, no momento *C*, com início em letra minúscula, meio perdido espacialmente na posição do cartão – não se sabe se está começando, acabando ou se está no meio... está confuso! – Há uma certa condensação dos dois momentos anteriores, mas, muito mais do que isso, ela diz: *nem todas as palavras vão* ***me*** *expressar o que você* ***me*** *transmite* (grifos meus). Apesar de cometer o 'erro' gramatical, ela está dizendo algo importante: está falando de uma forma de se expressar para mim, que é difícil. É a comprovação de que realmente as palavras não puderam expressar o que 'eu transmitia a ela'. Seria, de fato, 'erro', então? Na carta, há uma omissão que revela aquilo que, talvez, não possa dizer: *Leo, minha vida está horrível, primeiro a morte da minha e agora...* "Minha" o quê? Mãe ou vida? Talvez ambas, identificadas que estão, ligadas simbolicamente, como diz a música 'Uma canção desnaturada', ao seu final, "para sempre".

Ao longo do cartão, Amanda insiste no uso da palavra *você*, procurando marcar com isso, ao que parece, a necessidade de minha presença. Curioso: ela refere-se ao fato de só saber viver e ser feliz quando eu estou por perto, ou seja, ela espera a ação da minha parte e não se 'movimenta', mantém-se à espera, passivamente. E, como já foi mencionado, atribui a responsabilidade ao outro: você, você, você... (como uma criança: mamãe, mamãe, mamãe...).

O fantasma continua...

"O telefone toca
Ela me chama
Lembra que me ama
Aquela voz macia..."
(ROBERTO E ERASMO CARLOS, *ATRIZ*)

Após algum tempo, passo a receber uma série de ligações no consultório. Assim que atendia, eram desligadas ou quando a secretária eletrônica atendia, 'nenhuma' mensagem era gravada. Até tive uma desconfiança de que fosse ela. Mas, estranhamente, quem ligava se fazia notar pelos sons da respiração ou por outros ruídos. Algumas ligações eram a cobrar e, muitas vezes, não atendi propositadamente. Porém, numa delas, eu permito que a ligação seja completada:

ELA: *Quem está falando?*
EU: *Com quem gostaria de falar?*
ELA: *Com o Leonardo, ele está?*
(Curioso, pois ela deve saber que eu trabalho sozinho as ligações, e que esta é a única possibilidade de alguém atender ao telefone.)
EU: *Pois não, sou eu mesmo, quem é?* (Um pouco irritado.)
ELA: *Amanda...*
EU: (Agora com o tom de voz, visivelmente, mais calmo/suave.) *Como vai, tudo bem?*
ELA: ... (Desliga.)

No mesmo dia, alguns minutos depois, nova ligação:

EU: *Amanda, é você? O que você quer?*
ELA: (Apesar de ser, com certeza, sua voz.) *Eu sou lá do colégio, queria saber se você não vai mais dar aulas lá.*

EU: (Desconfiado.) *Você não é a Amanda?*
ELA: *Não...*
EU: *Tudo bem, então, diga a ela ou se for você, escute: eu não gostaria que continuasse a ligar, principalmente a cobrar. Se tem algo para conversar, poderá marcar um horário. Sabemos que muitas coisas precisariam ser ditas, até para que você não ficasse se escondendo* (como um fantasma?). *Mas isso não é uma brincadeira, é coisa séria, muito séria.*
ELA: ... (Desliga.)

Fico me perguntando o significado dessas ligações a cobrar: que sentido teriam? Que 'ligação' teria comigo? Talvez pudéssemos pensar que ela ainda não pode pagar o preço, afetivo, de falar sobre tudo que a incomoda. Novamente, procura transferir para mim a responsabilidade, querendo que eu assuma por ela tudo aquilo que teria a dizer e não consegue; como sou o 'responsável' por cuidar de seu coração, sou também o responsável por saber (adivinhar) o que ela precisa, o que ela quer dizer; por isso não fala, emite sons, ruídos, deixando ouvir sua respiração (suspiros?). Procura reproduzir comigo, ainda, um modelo arcaico de ligação, como aquela de uma mãe e seu bebê.

Antes, era o fantasma da mãe que a perseguia, agora, ela ocupou tal lugar, precisa 'ser fantasma' também. Há melhor maneira de se fazer presente, que não essa?

A pessoa amada é para o eu tão essencial quanto uma perna ou um braço.

Seu desaparecimento é tão revoltante que o eu ressuscita o amado sob a forma de um fantasma.[8]

8 Juan-David Nasio, *O livro da dor e do amor*, p. 53.

REFERÊNCIAS BIBLIOGRÁFICAS

BETTELHEIN, Bruno. *A psicanálise dos contos de fadas*. Rio de Janeiro: Paz e Terra, 1980.

KANAAN, Dany Al-Behy. *O canto das sereias: o lugar da sedução no processo de ensino-aprendizagem*. São Paulo: Sinesp, 1999.

NASIO, Juan-David. *O livro da dor e do amor*. Rio de Janeiro: Zahar. 1997.

__________. *Os grandes casos de psicose*. Rio de Janeiro: JZE, 2001.

JOÃO E O AMOR PELOS PAIS

CARLOTA MARIA OSWALD VIEIRA ZILBERLEIB

Esta é uma reflexão sobre a noção de ideal do eu e sua articulação com a busca do amor correspondido, a partir da clínica, sob a ação da relação transferencial e contratransferencial.

A relação transferencial tem demonstrado ser um campo fértil para a reflexão psicopatológica, a partir do que vemos surgir, privilegiadamente, como analistas, nas repetições. A transferência

> designa em psicanálise o processo pelo qual os desejos inconscientes se atualizam sobre determinados objetos no quadro de um certo tipo de relação estabelecida com eles e, eminentemente, no quadro da relação analítica.
> Trata-se aqui de uma repetição de protótipos infantis vivida com um sentimento de atualidade acentuada.[1]

O privilégio que possuímos, diante dos outros relacionamentos do sujeito, é pelo fato de oferecermos o espaço de escuta das repetições e um convite para o estabelecimento de um tipo especial de relação, a relação do tipo analista-analisando.

A idéia de impor ao conceito de transferência a noção de relação, como um aspecto intrínseco a esse tipo de operação, implica que a transferência envolve não só a noção de alteridade,

1 Laplanche & Pontalis, *Vocabulário de psicanálise*, p. 514.

como também a idéia de relação de objeto. Assim, podemos supor que a relação transferencial compreende uma certa correspondência entre os dois membros da situação analítica, analista e analisando. Podemos situá-la na produção psicanalítica pós-freudiana, a partir do desenvolvimento do conceito de relação de objeto, mas também é possível encontrá-la, ocasionalmente, em Freud ou sugerida por ele. Encontramos sinais de sua presença nas instruções de Freud sobre a técnica quando ele se refere à atenção flutuante como uma correspondência à associação-livre; encontramos também na idéia das comunicações de inconsciente para inconsciente; e na noção de contratransferência, apenas esboçada por ele, como um efeito de uma possível influência do analisando sobre o analista.

Freud referiu-se à transferência pela primeira vez em sua obra, em 1895, nos *Estudos sobre a histeria*, ao tratar dos principais obstáculos na relação "médico e paciente", em relação a uma paciente cujo sintoma era o desejo ocultado, durante muitos anos, de abraçar e beijar um homem; ao terminar uma sessão, teria sentido o mesmo desejo em relação a Freud, seu analista, sentindo-se horrorizada, como lemos na passagem a seguir:

> Quando a enferma se atemoriza ao ver que transfere à pessoa do médico representações desprazerosas emergidas durante a análise. Caso muito freqüente e inclusive regular em certas análises. A transferência ao médico é levada a cabo por meio de uma falsa conexão.[2]

Nessa época, podemos observar que o acento da operação está voltado para o que ocorre com a paciente e que o analista

2 Sigmund Freud, *Obras completas*, 1973, p. 167.

vai ser apenas o alvo de uma conexão falsa. Mais à frente, Freud diz que é comum este tipo de coisa ocorrer com vários pacientes neuróticos: como uma intercorrência do tratamento, característica dessa sintomatologia. Mais tarde, em 1912, ele vai considerar como perfeitamente normal essa operação, situando na insatisfação do paciente o elemento de esperança que vai permitir que ele oriente para a pessoa do médico certa carga de libido, "incluirá o médico em uma das séries psíquicas que o paciente já havia formado até então."[3] Contudo, podemos constatar que ainda não se trata de uma relação transferencial – na qual se possa incluir a contratransferência, por exemplo – e sim de algo que ocorre unilateralmente com o paciente, como uma espécie de projeção de algum conteúdo seu na direção do analista, ainda numa perspectiva do sintoma. Nos termos em que Freud utiliza sua descrição, por exemplo:

> Outras inovações da técnica se referem à pessoa mesma do médico. Se nos foi feita visível a "contratransferência" que surge no médico sob a influência do enfermo sobre seu sentir inconsciente, e nos achamos muito inclinados a exigir, como norma geral, o reconhecimento desta "contratransferência" pelo médico mesmo e sua superação.[4]

Podemos reconhecer então, o posterior desenvolvimento, feito por outros psicanalistas, da relação que se desenvolve entre os dois, analista e analisando, que é chamada contemporaneamente de intersubjetiva.

Para André Green, por outro lado, Freud minimizou o papel da relação de objeto em sua obra, de forma geral e, por

3 Sigmund Freud, *op. cit.*, 1973, p.1.649.
4 Sigmund Freud, *op. cit.*, 1973, p.1.566.

conseguinte, o papel do analista na relação terapêutica. Para esse psicanalista, desconsiderar a importância da relação de objeto no funcionamento psíquico humano era a razão para diversos fracassos terapêuticos da análise. Ele situa na pulsão o elemento primeiro, a origem, a situação mais fundamental da posição teórica freudiana[5] e por onde Freud norteou sua concepção, que para ele, Green, demonstrou ser um tanto solipsista.

Observando mais detalhadamente como Freud descreveu os componentes da pulsão, vemos que: a fonte e a pressão são componentes insubstituíveis, e a finalidade e o objeto são componentes substituíveis e passíveis de deslocamento. Os dois primeiros componentes representam o aspecto mais somático da pulsão, ou instintual, e os outros dois os aspectos propriamente psíquicos, por serem mutáveis, abrem as portas para a simbolização[6]. Para Green, o objeto é o revelador da pulsão:

> Consideramos um organismo que tem pulsões que se exprimem no somático: suas pulsões só chegarão a existir e só serão para ele objeto de conhecimento, ou só mobilizarão nele mecanismos de significação, na medida em que o objeto as revelar. O que quer dizer, de modo mais claro, que é pela existência do objeto e, em particular, da falta do objeto, que a pulsão se faz sentir, pois a pulsão satisfeita quase não faz sentir seus efeitos.[7]

Portanto, segundo esse ponto de vista, é possível supor que o lugar do analista adquire outro *status* na relação terapêutica, um lugar em que a relação intersubjetiva pode ser considerada a partir da transferência e da contratransferência, que dessa for-

5 A. Green, *Conferências brasileiras*, p. 68.
6 A. Green, *op. cit.*, p. 70.
7 A. Green, *op. cit.*, p. 71.

ma podem ser exploradas como recurso técnico e como forma de conhecimento. A consideração da intersubjetividade – em que conteúdos não-verbais, e como tal, ainda não simbolizados do paciente, são passíveis de comunicação ou influência sobre o analista – pode fornecer um amplo instrumental de trabalho.

Depois de Freud, a contratransferência foi objeto de crescente atenção por parte dos psicanalistas, especialmente na medida em que o tratamento era cada vez mais compreendido e descrito como relação, e também em virtude da extensão da psicanálise a novos campos (análise de crianças e de psicóticos) em que as reações inconscientes do analista podem ser mais solicitadas.[8]

Partindo desse pressuposto, a noção de ***terceiro ouvido***, utilizada por Theodor Reik, vem enriquecer a noção de contratransferência, e da própria transferência, como um tipo especial de influência que, num primeiro momento, teria sido negligenciada por Freud.

Influenciada pela abertura que essa noção oferece, fiz uma leitura das comunicações de João, um menino de 6 anos, surgidas nas nossas sessões de ludoterapia, que me parecem ter sido importantes para o desenvolvimento do nosso trabalho. A comunicação, como denomino o que ocorreu entre nós, e que motivou este trabalho, ocorreu numa sessão em que João brincava entusiasmadamente com aviões de massinha e "me usava", ora como o inimigo – mas ninguém morria –, ora como eco de suas manobras, e o fazia automaticamente, de forma que eu quase não podia observar e me dar conta do que estava acontecendo, pois a ação era rápida e se repetia inúmeras vezes. Senti cansaço e uma certa irritação com João.

A minha opinião é de que o elemento reprimido ou rejeitado na comunicação de João parece ter sido a raiva transfe-

8 Laplanche & Pontalis, *op. cit.*, p. 102.

rida a mim, como se só dessa forma ela pudesse ser expressa. João vinha aumentando seu entusiasmo por esse tipo de atividade desde algumas sessões anteriores. Ao me solicitar para executar uma certa ação, recusei, dizendo que daquela forma eu não conseguia nem ver o que estava acontecendo ali com a gente. Já estávamos no final da sessão e me pareceu que ele "perdeu o rebolado"; um outro aspecto interessante foi que, nas últimas sessões, ele vinha arrumando a sua caixa e os materiais com bastante habilidade, mas após essa intervenção ele pareceu não conseguir; tudo ficou muito difícil e o nosso tempo acabou.

Comentei com ele que, se ele quisesse, eu arrumaria para ele as coisas e na próxima sessão ele podia re-arrumar do seu jeito. Ele pareceu mais tranqüilo e nos despedimos. João tinha um problema que envolvia somatizações importantes nas vias respiratórias, de tal modo que a mobilidade de seu rosto, pescoço, cabeça, boca, bem como sua fala ficavam um pouco prejudicadas; em relação à definição da lateralidade e a motricidade fina, ele também demonstrava ter dificuldade. Ao "perder o rebolado" me pareceu que João retornou a um estado de menos habilidade, em que a "obstrução nasal" da qual sofre, como repetição, se fez mais presente. Pela regressão, foi possível constatar a dificuldade de João de lidar com a sua agressividade; sua agressividade em relação ao outro, ao objeto, obstruindo-a e redirecionando-a para si mesmo.

Reik escreve sobre a comunicação entre analisando e analista referindo-se a "(...) um diálogo inaudível, mas altamente expressivo. O psicanalista deve aprender como uma mente fala com a outra além das palavras, e em silêncio."[9]

9 T. Reik, "Escutando com o terceiro ouvido", *Pulsional – Revista de Psicanálise* – ano XVI, n. 175.

Na psicanálise com crianças, a comunicação se dá de forma mais expressiva, no sentido de que a fala é atravessada por outros recursos de expressão, assim como sua linearidade é radicalmente alterada. O analista há de se abrir como um "procurador de caminhos", assim como vemos ocorrer na clínica do Acompanhamento Terapêutico. Esse movimento de abertura o coloca, muitas vezes, como o próprio veículo do conteúdo a ser comunicado, como no exemplo da raiva de João: a raiva sentida pelo analista como correspondência da raiva evocada pela criança no brincar. Nesse sentido, há uma expansão da comunicação, do que é enunciado, mas num outro nível, que podemos pensar como pré-representacional, ou até como um conteúdo que se expressa além dos códigos estabelecidos de comunicação, se considerarmos a representação verbal como uma redução ou traição do conteúdo em questão, como conferimos na citação a seguir:

> Não é por acaso que vamos encontrar na linguagem-em-ato, a *fala*, uma possibilidade de ultrapassar a sua dimensão representativa na direção de uma função basicamente *afetiva*. Afinal, os afetos se formam nas relações vivas entre os homens e é aí, talvez, que a língua pode servir para iludir, dissimular uma solidão inexorável e angustiante.[10]

Considerando a ação da transferência e da contratransferência conforme a indicação de Freud de que "(...) todos possuem no seu próprio inconsciente um instrumento com que podem interpretar as expressões inconscientes dos outros,"[11] é possível utilizá-las como recurso técnico em benefício de nossa compreensão diagnóstica. Alinhavar os contornos de um diagnóstico pode nos ser muito útil e, mais uma vez com Freud,

10 A. Naffah Neto, *Outr'em-mim*, p. 20.
11 Laplanche & Pontalis, *op. cit.*, p. 102.

podemos confirmá-lo: "(...) a técnica analítica há que adotar certas modificações, segundo a forma patológica de que se trate e os instintos predominantes no sujeito."[12]

Para realizar isso, entretanto, podemos agir como o paciente o faz, por meio da associação livre, ou a sua correspondente, a atenção flutuante, e compor um mosaico de suas comunicações, até compreendermos a que organização defensiva está submetido. Reik nos aconselha a utilizarmos nossos próprios instintos. "Os 'instintos', que indicam, apontam, miram e aludem, alertam e traduzem, são, algumas vezes, mais inteligentes do que nossa 'inteligência' consciente."[13]

As sessões de João são seguidas, quinzenalmente, por sessões com seus pais, pois me pareceu importante essa oferta, em função do surgimento de conteúdos angustiantes no pedido dos pais para a psicoterapia do filho. João está ingressando na classe de alfabetização, sua mãe é pedagoga, e ele tem se negado a escrever as letras, assim como se submeter à rotina escolar.

Quanto ao material expresso, tanto nas sessões de João como nos encontros com seus pais, procuro submetê-lo a um trabalho de compreensão e costura, muito próximo do que Theodor Reik nos propõe:

> Pode-se demonstrar que o analista, como seu paciente, conhece coisas sem saber que as conhece. A voz que fala nele baixo, mas ele, que escuta com o terceiro ouvido, ouve também o que se expressa quase sem ruído, o que se diz, *pianíssimo*. Há casos em que coisas que uma pessoa disse na psicanálise não são sequer ouvidas conscientemente pelo analista, mas nem por isso são menos compreendidas ou interpretadas.[14]

12 Sigmund Freud, *op. cit.*, 1973, p. 1.566.
13 T. Reik, *op. cit.*, p. 75.
14 T. Reik, *op. cit.*, p. 76.

João vem, muitas vezes, para sessão com o nariz muito constipado e não é difícil compreender a pressão à qual está submetido por intermédio dessas somatizações. À força da pressão de obstrução, de retenção, que até podemos associar a um sufocamento, é possível relacionar a ação do superego, a partir da idéia de que João quer ser o orgulho de seus pais, como um recurso, inconsciente, de uma busca por garantia do amor correspondido, isto é, uma busca que se dá por uma verdadeira luta na lida com o excesso de tensão surgida dos conflitos entre o amor terno e o ódio, ora com um, ora com o outro, pai e mãe, na busca pela garantia de seu amor. Os conflitos em relação à mãe demonstraram ser mais enfáticos, em função da questão edípica, e, principalmente, por importantes conflitos próprios da mãe.

Essa hipótese me ocorreu após alguns encontros com os pais, associando conteúdos ali surgidos a várias atitudes suas em nossas sessões. Em nossas brincadeiras, num primeiro momento, sua dificuldade de matar o inimigo nas inúmeras guerras que encenava me chamou atenção. Quando jogávamos, sua agilidade e atenção eram impressionantes levando-o, muitas vezes, à vitória; contudo, negava-se a contar as peças e conferir o vencedor. Seu pai relatou sobre sua dificuldade de perder nos jogos, que quando isso ocorria ficava muito revoltado, interrompendo as partidas. Comigo, demonstrava temor de vencer, com o pai, não suportava perder: talvez possamos encontrar aí as intensidades envolvidas na luta cotidiana, com seus pais, em relação às perdas e danos causadas por sua relação de amor – que ocorriam comigo, apenas no nível da repetição. Esses são alguns exemplos que, junto com vários outros elementos, me levaram à hipótese de que João estaria vivendo um momento crucial em torno da realização, ou não, do ideal do eu, e suas conseqüências.

Num certo momento do processo, fiz essa comunicação aos pais – de que seu filho gostaria que eles se orgulhassem dele – procurando inseri-la em meio aos vários comentários que teciam sobre o filho. E relatando-lhes, nesse momento, que um dos primeiros desenhos que ele fez, com muita dificuldade, foi o DNA do homem aranha, pareceu-me que tivemos um *insight*, juntos, naquele momento.

Depois dessa sessão com seus pais, João passou umas três sessões cometendo crimes terríveis, matando muitos soldados, várias vezes, e eu o acompanhei também nessa empreitada.

A noção de ideal do eu, pode nos ser útil para compreender o que se passa com João: por um lado, para nos situar numa perspectiva da etapa em que ele se encontra com relação ao seu desenvolvimento psíquico e aos mecanismos que estariam em ação; e, por outro, demonstrando sua estreita relação com as ameaças de perda de amor que toda relação amorosa humana supõe. Estas, por sua vez, irão nortear a direção da constituição de sua organização psíquica em função da magnitude de sofrimento envolvido.

O conceito de ideal do eu surgiu como sendo uma expressão utilizada por Freud no quadro da sua segunda teoria do aparelho psíquico. Instância da personalidade resultante da convergência do narcisismo (idealização do ego) e das identificações com os pais, com os substitutos e com os ideais coletivos. Enquanto instância diferenciada, o ideal do ego constitui um modelo a que o sujeito procura conformar-se.[15]

Os autores (da citação) acima afirmam que esse conceito está estreitamente ligado à noção de superego. O superego, descrito por Freud, é uma instância psíquica que se caracteriza por uma diferenciação no interior do eu, possuindo um vínculo menor com a consciência e contribuindo para a formação do caráter do sujeito.

Essa instância vai se constituir a partir dos efeitos das primeiras identificações, ocorridas em idade muito precoce no

15 Laplanche & Pontalis, *op. cit.*, p. 222.

indivíduo, "(...) a identificação com o pai da pré-história pessoal."[16] O superego também está associado à disposição triangular imposta pelo complexo de Édipo que, segundo Freud, no menino, desenvolve-se por meio de um investimento objetal em relação à mãe, que se inicia na sua relação com o seio materno; e o pai, por identificação.[17] O conflito sobrevém quando "(...) por reforço dos desejos sexuais pela mãe e pela percepção de que o pai é um obstáculo para esses desejos, nasce o complexo de Édipo."[18] Seu declínio, no caso do menino, está ligado à ação do recalque do desejo incestuoso, a partir do estabelecimento da identificação com o pai e a um vínculo terno em relação a mãe. Essa operação vai dar origem ao superego e corresponder à entrada no período de latência. Ambos os aspectos da operação funcionam também como garantia de amor correspondido, seja pelo vínculo terno, seja pela identificação. No caso da identificação, podemos considerar sua importância quando da ameaça da perda do objeto, que ocorre necessariamente em todo o processo de crescimento, na medida em que crescer representa separar-se do pai, levando a uma profunda mudança no tipo de relacionamento entre a tríade. Essa etapa também corresponde ao declínio do complexo de Édipo, e a identificação representará mais uma garantia de manutenção da condição anterior: "ser-como" o pai, em relação ao amor da mãe, assim como uma compensação por sua ausência (perda do pai pelo crescimento).

Contudo, Freud chama a atenção para a ambivalência desses afetos em relação a ambos os genitores e o quanto comportaria aspectos femininos em meio a uma tentativa de afirmar sua masculinidade: "(...) mostrando a atitude terna em relação ao

16 Sigmund Freud, *Obras completas*, 1985, p. 53.
17 Sigmund Freud, *op. cit.*, 1985, p. 53.
18 Sigmund Freud, *op. cit.*, 1985, p. 53.

pai e a correspondente atitude hostil em relação à mãe. Esta ingerência da bissexualidade é o que se torna difícil de penetrar ao observarmos as constelações das eleições do objeto."[19]

O superego se manifesta num nível inconsciente, como herdeiro do complexo de Édipo, e como expressão de conflitos entre potentes conteúdos pulsionais e a sua interdição no seio da relação amorosa, ou seja, o menino, como é o caso de João, não só teria de se haver com as vicissitudes das ameaças de perda de amor, como também com a turbulência de seus próprios afetos, e sua adequação, para não comprometer o amor correspondido.

A esse respeito, os fundamentos da idéia de adequação podem ser encontrados na noção de complexo de Édipo e sua incorporação realizada pelo eu, assim como sua submissão ao id; Freud reconhece que esses aspectos do eu seriam inconscientes. O eu e o ideal do eu (superego) vão representar os conflitos entre o mundo interno e o mundo externo, assim como entre as moções pulsionais e a consciência moral. O ideal do eu vai responder pela oposição entre o mais profundo ou primitivo da alma humana e o mais elevado, enquanto valor cultural (Freud, idem). "A tensão entre as exigências da consciência moral e as operações do eu é sentida como *sentimento de culpa*. Os sentimentos sociais descansam nas identificações com outros sobre o fundamento de um idêntico ideal do eu."[20]

Em outro texto, dez anos depois, ainda se referindo ao superego, Freud o descreve como uma instância autônoma, fazendo, porém, parte do eu, e que teria por função a observação de si como atividade ajuizadora da consciência moral.[21] Mais adiante em seu texto, Freud vai escrever que essa instân-

19 Sigmund Freud, *op. cit.*, 1985, p. 53.
20 Sigmund Freud, *op. cit.*, 1985, p. 53.
21 Sigmund Freud, *op. cit.*, 1985, p. 58.

cia gozaria de certa autonomia em relação ao eu, e a carga de energia psíquica que movimenta poderia inclusive incidir sobre o eu com severidade e crueldade: "No lugar da instância parental aparece o superego, que agora observa o eu, o guia e o ameaça, exatamente como antes o fizeram os pais."[22]

Na esteira desse relacionamento inaugural, vemos permanecer estruturalmente no sujeito, como um "Outr'em-mim"[23], assim como em seus relacionamentos subseqüentes, as bases daquele tipo de relação de objeto. E podemos ler, no texto de A. Green, a dramaticidade que a questão da adequação e, conseqüentemente, das relações objetais pode assumir para o sujeito.

> Não temos limites porque temos objetos, e devemos ter limites porque temos objetos. Essas duas frases contraditórias se explicam da seguinte maneira: por termos o objeto, saímos de nossos limites para entrar em contato com ele, para restabelecer uma espécie de unidade primitiva mítica; mas precisamente porque temos objetos, devemos colocar limites em nossa possessividade, em nossa crueldade, em nosso desejo de gozar desse objeto sem consideração com ele. Esta é a situação paradoxal que faz com que o objeto seja ao mesmo tempo o que nos faz sair de nossos limites e o que nos obriga a ter limites, se não quisermos perdê-lo.[24]

Assim, parece-me compreensível reconhecer nos conteúdos expressos por João e seus pais a respeito de seu sofrimento e dificuldades, a ação inexorável de operações psíquicas que, em última instância, estariam em jogo como agentes de seu cresci-

22 Sigmund Freud, *op. cit.*, 1985, p. 59.
23 A. Naffah Neto, *op. cit.*, p. 20.
24 A. Green, *op. cit.*, p. 11.

mento, como visto acima, a respeito do declínio do complexo de Édipo e suas implicações, correspondendo, a meu ver, à fase atual de seu desenvolvimento. A excessiva crítica com que se julgava e julgava suas "produções" poderia comprometer seu desenvolvimento, ao inibir a experimentação de uma série de práticas que poderiam ser prazerosas, como desenhar, escrever e fantasiar; assim como a inibição, ou até a rejeição, de sua agressividade, podendo acarretar importantes prejuízos para sua saúde global, ao atingir um nível psicossomático. Nesse sentido, a expressão mais dramática de seu conflito se encontra na somatização. Como declara Pierre Marty, quando as excitações psíquicas, fruto de conflitos, ultrapassam a capacidade do organismo de dominá-las, ocorre um aumento de angústia e uma desorganização psicossomática.

REFERÊNCIAS BIBLIOGRÁFICAS

FREUD, Sigmund. *Obras completas*. Buenos Aires: Amorrortu. 1985.

___________. *Obras completas*. Madrid: Biblioteca Nueva, 1973.

GREEN, A. *Conferências brasileiras*. Rio de janeiro: Imago, 1990.

LAPLANCHE & PONTALIS. *Vocabulário de psicanálise*. São Paulo: Martins Fontes, 1991.

NAFFAH NETO, A. *Outr'em-mim*. São Paulo: Plexus, 1998.

REIK, T. "Escutando com o terceiro ouvido". In: *Pulsional – Revista de Psicanálise*, n. 175.

AMOR: UMA ESCUTA PSICANALÍTICA OU POÉTICA?

VERA CANHONI

Bianca chegou para atendimento dizendo que precisava de um espaço para "suturar" a ferida. Freqüentemente seus silêncios eram permeados ora por trechos de poesia memorados como: "eu te peço perdão por te amar de repente, embora o meu amor seja uma velha canção nos teus ouvidos..."[1]; ora por soluços e resignação. Falava de seus "amores" e de seus afetos de forma muito cuidadosa, como se algo jamais pudesse ser revelado, como se algo devesse permanecer intocado, indecifrável e ininteligível.

Parecia fundamental à Bianca, no tocante aos seus assuntos sobre o amor, ter alguém que se dispusesse a escutá-la de um modo particular e muito especial. Na posição de analista, eu a escutava com uma cautela e cuidado muito peculiares, pois, percebia que além de desejar (re) velar algo de seus amores, não podia sentir que suas falas ou mesmo seus sentimentos fossem banalizados pelo senso comum.

Considerando-se o sentido etimológico do termo revelar (tirar o véu, descobrir, declarar, fazer conhecer ou divulgar), suspeitava que esses amores, na medida em que fossem (re) velados e (des) cobertos, perderiam as possibilidades de serem

1 Vinicius de Moraes, *Nova antologia poética*, p. 24.

encantados e contemplados. Ainda assim, pensava que a oposição entre esses dois contrários – falar de seus amores, mas não os (re) velar – estava permeada, metaforicamente, pela poesia.

Parecia que não era à toa que Bianca trazia a poesia ao reduto analítico e com ela se sensibilizava sem tantas ressalvas. Afinal, como diz Menezes "(...) a poesia vela e revela (= vela de novo), abriga a dialética; suporta a ambigüidade; acolhe o paradoxo, contempla as oposições, não se deixa comandar pelo princípio da não-contradição, pela lógica ferrenha do postulado da identidade."[2]

Na posição de analista, sentia-me sempre surpreendida e curiosa pelas emoções de Bianca e por aquilo que, dessas emoções, parecia estar fora de lugar ou não encontrar um lugar para se alojar. Tal qual o amor/paixão que surpreende e sempre chega sem avisar.

Bianca não encontrava no seu círculo de amizade um espaço para falar de suas emoções e da peculiaridade delas. Sentia que aquilo que vivia não podia ser partilhado em qualquer lugar nem com pessoas que não pudessem compreender a sua dimensão.

Quando Bianca revelava seus afetos, seus sonhos e suas sensações, se surpreendia pelo fato de que invariavelmente se encontrava à mercê de uma espécie de turbilhão de sensações que eram, em si mesmas, inomináveis e que não encontravam maneiras de serem acolhidas em seu interior, a não ser pela mediação da poesia que tanto apreciava.

Utilizando a poesia como suporte, Bianca verbalizava seus pensamentos mais intensos, suas emoções mais escondidas e nunca reveladas, suas dores e decepções mais profundas e suas possibilidades de acolhimento a serem construídas, como tam-

2 Adélia Bezerra Menezes, *Verdade e imaginação ou uma releitura de Eros e Psique, de Fernando Pessoa*, p. 97.

bém algo de si mesma que, aos poucos, era desvendado. Não raro os trechos de poesia memorados eram acolhidos de modo bastante confortador, pois sentia que deles sua própria linguagem se aproximava; com a poesia, podia metaforizar algo de suas sensações ou afetos antes inexplorados.

Bianca contava de suas paixões fugazes, dos seus encontros furtivos e ligeiros e daqueles relacionamentos sempre superficiais que a envolviam. Afirmava que, de algum modo, sabia entrar e sair "ilesa" dos relacionamentos. Nada a transformava. Freqüentemente, seu grau de envolvimento e de entrega não ultrapassava o terreno do conhecido e do controlável. Para Bianca, os amores e paixões não guardavam mistério, era como se as "cenas" pudessem se repetir sem nada se afastar de um certo *script* (invariavelmente escrito por ela).

Mas o que havia mobilizado Bianca para buscar a análise era justamente um amor/paixão que não se encontrava no seu *script*, ou melhor, que não tinha qualquer *script*. Bianca dava à dimensão desse amor (particularmente a essa paixão tão arrebatadora) algo da ordem de um grande amor, de um amor impossível, inexato, inesperado e, por vezes, insano. "*Esse amor me envolve e me escraviza.*" "*Esse amor arrebata, me fascina e me abisma.*"

Desse modo, reconhecia no amor, e nesse amor particularmente enaltecido, um paradoxo do qual temia se desprender. "*Esse amor me fez perder a paz, perder-me de mim mesma... já não sei quem sou..., eu perdi a razão e quanto mais me perco parece que mais me encontro...*". Para expressar esse sentimento, Bianca parafraseava Chico Buarque: "Se ao te conhecer fiz tantos desvarios, dei pra sonhar, rompi com o mundo, queimei meus navios... Me diz pra onde é que ainda posso ir..." (Chico Buarque, *Eu te amo*)[3].

3 Chico Buarque, *Perfil*.

– *Será que o amor/paixão é uma loucura, uma ilusão?* – perguntava Bianca com a malícia de não querer ter de responder, com a malícia daqueles que não querem se privar das delícias da ilusão das paixões. De certo modo, acreditava que, em algum grau, a ilusão sempre pairava e amparava as paixões; a ilusão não era só uma coadjuvante nesse teatro amoroso. Não havia qualquer hesitação (e aqui se instalava, de certo modo, a sua angústia) quanto ao fato de que, em matéria de amor, sempre havia indícios de uma certa correspondência partilhada entre dois amantes. Bianca não queria abrir mão dessa certeza, tampouco pensar que talvez não fosse absoluta; ela mesma, as suas certezas e sua razão.

Quando Bianca se referia ao sujeito do seu amor/paixão, se surpreendia pelo fato de sentir que a comunicação entre ambos sempre se dava por um certo (des) encontro de linguagem e, embora sentisse que o conhecia a partir de suas próprias "entranhas", havia algo para ser decifrado, algo de muito enigmático que, de uma maneira ou de outra, sustentava essa relação.

De modo bastante peculiar, tal qual exige o amor, era por meio dessa linguagem poética que eu podia encontrar uma maneira de dialogar com Bianca. Suas falas remetiam-me a inúmeras poesias e, invariavelmente, a algumas análises poéticas. Destacarei uma, em particular, por acreditar que refletia o estado emocional em que Bianca se encontrava, ao longo das suas sessões analíticas, quando falava desse amor arrebatador que a colocava diante da incumbência de ter de decifrar enigmas.

Numa análise reflexiva da poesia "Mineração do outro"[4], de Carlos Drummond, Davi Arrigucci Junior, de forma primorosa, sugere pensar o enigma como algo que guarda certa relação com a procura e a decifração do outro – embora sempre impossível – no encontro com o outro. "Mineração do outro" é um

4 Carlos Drummond de Andrade, *Obra completa*, p. 337-338.

poema que fala sobre o amor e os seus infindáveis problemas. A complexidade que se configura nesse poema se dá em torno do fato de que, aliado ao amor, prevalece o desejo de conhecimento. Assim, "(...) empenhado na decifração do outro – tarefa de quem ama – Eros encarna num querer saber, e seu desejo de penetração, à semelhança do trabalho de exploração do minério na terra, é agora escavação mental de outro ser."[5]

Segundo o autor, a mineração (escavação) do ouro se transmuta, metaforicamente, em procura e escavação do outro e, nesse mesmo viés, o autor sustenta que "(...) o caráter problemático do amor é também o da linguagem poética que se esforça por exprimi-lo."[6]

É importante enfatizar que fazer um recorte dessa análise poética se deve ao fato de que, no caso de Bianca, a "escavação do outro" da relação amorosa não só sugeria uma alusão à tentativa de decifrar os mistérios, enigmas e segredos próprios do amor e daqueles que amam, como também expressava a sua necessidade de aceder ao amor.

Se de um lado, a escavação do outro, ou a tentativa de decifrar o outro, da relação amorosa sugeria uma certa proteção àquilo que da relação amorosa é indizível e jamais se mostra, de outro, demonstrava a sua dificuldade e angústia em não saber qual era o seu lugar no desejo do outro. De modo muito peculiar, essa angústia expressava o cerne de seus conflitos e sintomas e, indubitavelmente, remetia-a às primeiras vivências de suas relações amorosas, reveladas, paulatinamente, ao longo do processo analítico.

Enquanto psicanalista, eu supunha que a poesia – por estar atravessada e sustentada na palavra – se mostrava para Bianca

5 Davi Arrigucci Jr., *Coração partido: uma análise da poesia reflexiva de Drummond*, p. 114.

6 Davi Arrigucci Jr., *op. cit.*, p. 113.

como a forma mais simbólica de "garantir" que os encontros não se perdessem pela ausência das palavras. Desconfiava que as poesias, por ela rememoradas, expressavam a esperança de que, pelas palavras, o encontro amoroso pudesse ser sustentado e os desencontros (inevitavelmente vividos em qualquer relação amorosa) remediados. Talvez essa fosse a maneira de elaborar encontrada por Bianca.

Embalada pelas falas de Bianca e, freqüentemente, pelos trechos arrebatadores de poesias, era possível construir a sua história: uma história de amor que se exprimia ora num mar revolto de ondas bravias, ora num mar sereno de calmaria e tranqüilidade, mas que nem por isso deixava de encerrar um mundo de enigmas e mistérios.

Havia algo para suturar: um amor não correspondido e concedido ou um amor correspondido que não se deu e que passou?! Considerando a dinâmica psíquica de Bianca, os seus questionamentos a respeito do amor, sua história de vida e os recortes de poesia que escolhia para se expressar, não raro surgiam questões ligadas ao masoquismo.

De certa forma, Bianca exprimia não só o desejo de estar à mercê de um amor que não podia ser concebido, como também precisava saber o que havia significado para aqueles que amara ao longo da sua vida, cujo sentido já ultrapassara o viés da sedução e das entregas superficiais, tão freqüentes em seus "encontros amorosos".

Volta e meia, Bianca perguntava por que ficava do seu lado e ao seu encargo toda a entrega amorosa; por que não tinha podido partilhar essa entrega com aqueles que, de certo modo, haviam sido o estopim para a exaltação de seus amores e de seus afetos mais caros.

Quando Bianca falava de seus relacionamentos amorosos, destacava que, freqüentemente, era depreciada. Não era reconhecida ou amada e, repetidas vezes, era desprezada por aqueles a quem amava. Sua profissão, suas idéias ou seus sonhos eram sempre menosprezados. Era ridicularizada pelos seus medos e seus sentimentos e, repetidamente, se sentia muito pouco valorizada.

Bianca declarava que sempre oferecia o melhor de si mesma e de seu amor. Para ela, a intensidade do amor que podia oferecer não era comparável e, indubitavelmente, não podia suportar não ser correspondida do mesmo modo.

O desejo de ser amada de forma absoluta e com a dimensão que desejava colocava-a como aquela que podia suportar tudo (numa posição masoquista) daquele a quem amava. Para ela, ser menosprezada ou depreciada era uma maneira de sentir-se amada e correspondida. Aplicava certa equivalência entre ser amada e ser rebaixada ou desprezada.

Na tentativa de saber sobre o outro da relação amorosa e do seu exato lugar no desejo do outro (como, por analogia, a escavação do outro sugere), Bianca se colocava em posição masoquista. Era nessa posição que buscava as respostas para as suas perguntas e, ao mesmo tempo, era nesse lugar "vitimizado" que se protegia do seu próprio desejo e solidão, bem como da eventualidade de que talvez não houvesse a reciprocidade de sentimentos e de desejo. Escolhia resguardar o seu próprio narcisismo, mas, curiosamente, colocava-se de forma masoquista nas relações.

Assim, parecia ser preferível à Bianca colocar-se nessa posição (masoquista) a ter de cuidar do desamparo e das feridas narcísicas ante a desarmonia de sentimentos e afetos que esses encontros amorosos pudessem confirmar. Além disso, a posição masoquista a protegia de ocupar o lugar do não-desejo no desejo do outro. Desse modo, os ganhos subjetivos, em face da posição masoquista, eram bastante evidentes e, de certa forma, reasseguradores.

A tentativa de decifrar o outro da relação amorosa (tarefa por si só impossível) também revelava a necessidade de ser decifrada pelo outro e, para Bianca, essa necessidade estava, de modo muito peculiar, atravessada pelo imperativo de que esse outro lhe outorgasse e lhe reconhecesse enquanto sujeito de desejo. Nas suas investidas, urgia um desejo de ser reconhecida enquanto um ser de desejos, mas não era sem defesas (invariavelmente masoquistas) que Bianca se protegia dos temores ou perigos que os acompanhavam.

Era possível perceber que, ao tentar decifrar ou revelar o desejo desse outro, se protegia de ter o seu próprio desejo revelado. Pouco a pouco, à medida que Bianca se conscientizava desse modo muito particular de funcionamento, da posição masoquista tomada nos relacionamentos amorosos e das defesas inconscientes que eram construídas, conseguia expressar e vivenciar seus próprios desejos – invariavelmente seguidos de inúmeros temores e ansiedades.

Isso me faz retomar, aqui, a dimensão da experiência psicanalítica, tão bem colocada por Maria Rita Kehl:

> O trabalho da psicanálise não é o de comunicar ao sujeito os conteúdos de seu inconsciente, mas introduzi-lo a esta outra razão que age nele, e da qual ele se defende, covardemente, como escreve Freud, através do sintoma. O que o neurótico não quer saber e disto ele foge através do sintoma e de todas as formas de alienação que encontrar (...) é que ele está condenado a desejar. E pior, condenado a errar (...) já que não existe o objeto final, definitivo, apaziguador do desejo.[7]

De certo modo, essa posição masoquista, sempre assumida nos relacionamentos, protegia-a de toda a entrega – dolorosa, sem garantias e permeada por esperas e por acasos. Nesse lugar,

7 Maria Rita Kehl, *A mínima diferença: masculino e feminino na cultura*, p. 212.

Bianca evitava as dores e a solidão – indispensáveis e essenciais para a construção e reconstrução da própria existência enquanto um sujeito de desejo.

Numa leitura psicanalítica do masoquismo, podemos ressaltar os ganhos subjetivos em se colocar numa posição de objeto à mercê do desejo do outro. No caso de Bianca, colocar-se como objeto do outro (indício também de seu desejo) a protegia de certos desejos, descaminhos ou certos tropeços, que pareciam ser muito mais ameaçadores.

Nesse sentido, ao longo das sessões analíticas, foi ficando bastante evidente que abrir mão de ser o sujeito de seu próprio desejo a protegia, de modo muito curioso, das possibilidades abertas para amar. Era dessa forma que Bianca evitava enfrentar todas as vicissitudes presentes em qualquer encontro amoroso.

Na sua doce sabedoria, Bianca suspeitava – não sem expressar todo o seu ressentimento – que se submetia a essa entrega e a essa posição para não ter de aceitar as dores daqueles que amam solitariamente, daqueles que também amam sem ser correspondidos. Desse modo, ela podia perceber que, além de existir uma certa dose de prazer e satisfação, havia também uma certa proteção de que não podia se privar. Assim, ela dizia: "*Mesmo que seja para negar a minha presença, para refutar os meus gestos de carinho, posso tê-los por alguns minutos; penso que, por trás desses tantos nãos, um certo sim ou consentimento deve haver. Acho que eles se defendem de amar... Assim como eu.*"

É bastante claro que não podemos restringir os sofrimentos de Bianca às questões mais masoquistas de proteção contra o desamparo, mas, entre tantos recortes em face da dinâmica psíquica de Bianca, esse parece se ajustar corretamente. Sobre isso, Birman diz:

> Contudo, o que está em jogo aqui é uma maneira de o sujeito se proteger do que há para ele de insuportável e de horror na experiên-

> cia do desamparo. Goze com o meu corpo e faça com ele o que bem entender, me humilhe como quiser, mas fique comigo e não me abandone sozinho no meu desamparo, parecem dizer os ditos masoquistas morais e femininos para os seus algozes, no evitamento sistemático que fazem da experiência feminina do desamparo.[8]

De outra ótica, podemos reconhecer nesse masoquismo, como aponta Kehl, que "(...) o risco da posição feminina pura, daquela que só existe enquanto objeto do desejo do outro, é o de deixar de fazer sentido fora do campo do amor e do desejo."[9]

Nesse sentido, as vicissitudes contidas na trama dos seus sintomas revelavam certa equivalência com as implicações em torno da constituição psíquica, que, invariavelmente, guarda com a dimensão do desejo algo da ordem do intransponível.

Era bastante evidente que Bianca, além de precisar de um lugar para "suturar" a ferida, também expressava o desejo de ter um espaço de construção subjetiva.

Quando Bianca contava sobre os seus amores/paixões, era inevitável pensar psicanaliticamente em torno das questões relativas à própria organização edípica. Porém, algo dessas relações e desses amores não se reduzia a essas questões, guardava dimensões ainda inexploradas, de certo modo, anteriores à complexidade edipiana. Não raro, as falas de Bianca nos faziam retornar às questões mais primitivas e mais próximas dos primeiros relacionamentos e encontros amorosos; àquelas que se colocam enquanto o protótipo de todas as futuras relações de amor, como observa Freud.[10]

Bianca, sempre muito sensível às marcas que a vida imprimia no rosto daqueles a quem amava, se surpreendia pelo desejo de querer ficar, junto com elas, gravada: "quero ficar no

8 Joel Birman, *Cartografias do feminino*, p. 14.

9 Maria Rita Kehl, *op. cit.*, p. 92.

10 Sigmund Freud, Os *três ensaios sobre a teoria da sexualidade*, p. 211.

seu corpo feito tatuagem que é pra te dar coragem pra seguir viagem quando a noite vem. E também pra me perpetuar em tua escrava, que você pega, esfrega, nega, mas não lava."[11]

Tomando partes dessa poesia e considerando-se a dinâmica psíquica de Bianca, bem como os seus questionamentos a respeito do amor, era bastante apropriado pensar não só nas questões ligadas ao masoquismo, como também nas possibilidades abertas para a aceitação e implicação com as marcas que a constituíram – e que ficaram cada vez mais evidentes e acessíveis ao longo do processo analítico.

Por intermédio de outros versos, era possível escutar nas falas de Bianca o desejo de deixar o seu traço, a sua marca naqueles que a marcaram profundamente: "(...) quero pesar feito cruz nas tuas costas, que te retalha em postas, mas, no fundo, gostas quando a noite vem. Quero ser a cicatriz risonha e corrosiva, marcada a frio, a ferro e fogo em carne viva (...)."[12]

Era evidente que Bianca também falava do anseio (ainda que projetado no corpo desse amante) de imprimir em seu próprio ser as marcas do desejo, das paixões, da solidão e dos (des) encantos. Além disso, quando se sensibilizava com este trecho da poesia/canção: "(...) quero brincar no teu corpo feito bailarina, que logo se alucina, salta e te ilumina quando a noite vem (...)" revelava o desejo de dar uma dimensão cada vez mais lúdica para os seus afetos, sentimentos, representações e suas histórias de amor por tanto tempo não (re) veladas.

Bianca precisava de alguém que pudesse, junto com ela, se dispor a brincar de amar – no sentido mais poético e mais lúdico do termo – e se dispor a (re) criar toda essa dimensão amorosa que, em algum momento de sua vida, se eclipsou. Nesse sentido, era aí que, de certo modo, se sustentava toda a escuta psicanalítica.

11 Chico Buarque, *Tatuagem*.

12 Idem.

E se Bianca trazia às sessões analíticas as canções de Chico Buarque (que revelam, pelos seus personagens femininos, as diferentes concepções sobre a mulher tão presentes em nossa cultura), o fazia em nome do desejo de encontrar um discurso que pudesse expressar o seu ser mulher, a sua subjetividade.

Ao longo das sessões analíticas, foi possível perceber que Bianca, ao dar conta de sua transformação em mulher, (re) descobria, admirada, desejos adormecidos.

Paulatinamente, expressava (tal qual a bailarina) toda a sua plasticidade psíquica para aceitar as contingências do amor, disponibilizando-se para entrar e sair desses "jogos de amor" sem que as posições de ganhadores ou perdedores estivessem previamente marcadas.

Por meio de sua implicação no processo analítico, Bianca compreendia que o amor contempla certa dose de coragem para se lançar em um terreno desconhecido, sem garantias e invariavelmente aberto às surpresas e transformações. Foi assim que Bianca pôde conhecer suas paixões e contradições, seus refúgios, sua covardia e coragem e, de certo modo, sua impotência e solidão.

E, novamente, diante das vicissitudes da vida e das contingências dos amores que havia vivido, era com a poesia que podia se exprimir: "Guardo a doçura dos que aceitam melancolicamente (....) e posso te dizer que o grande afeto que te deixo não tem o exaspero das lágrimas, nem a exaltação das promessas, nem as misteriosas palavras dos véus da alma... é uma unção, um desdobramento de carícias (...)."[13]

Com Alfredo Naffah Neto, que, reverenciando Nietzsche, nos fala sobre o esquecimento como forma de "(...) transmutar tudo que somos e tudo que nos atinge em luz e chama (...) é

13 Vinicius de Moraes. Ternura. In: *Nova antologia poética*, p. 24.

graças a esse processo que podemos, em algum nível, não viver prisioneiros do nosso passado, digeri-lo e transformá-lo em fonte de calor"[14]; pensava que, para Bianca poder transmutar esses amores, poder (re) velá-los ou "esquecê-los" era preciso que ela se abrisse para aquilo que em nós está fadado a se construir e se reconstruir continuamente. Era, de fato, poder abrir-se para o amor, e não ficar prisioneira da decifração do outro, o que, numa perspectiva de tormento e de degradação, enfatiza a via encrencada de querer saber como é o outro da relação amorosa, como sugere Arrigucci[15], ao trabalhar na análise reflexiva do poema *Mineração do outro* de Drummond.

Para concluir este pequeno esboço sobre as questões do amor ouvidas no reduto analítico, penso que manter a posição de psicanalista exige de nós o oferecimento de um lugar onde se possa, tanto quanto possível, "suturar" a ferida e transformá-la. Assim, penso que a escuta psicanalítica (poética) sustenta, sem exceção, nas contradições, paradoxos e inquietações, o amor. Pois o amor que tudo transforma, para usar a língua dos poetas, é o que "(...) não tem governo, nem nunca terá, o que não tem vergonha, nem nunca terá, o que não tem juízo..."[16]

REFERÊNCIAS BIBLIOGRÁFICAS

ANDRADE, Carlos Drummond. *Obra completa.* Rio de Janeiro: Companhia José Aguilar, 1967.

ARRIGUCCI JR., Davi. *Coração partido: uma análise da poesia reflexiva de Drummond.* São Paulo: Cosac & Naify, 2002.

BIRMAN, Joel. *Cartografias do feminino.* São Paulo: 34, 2000.

FREUD, Sigmund. *Os três ensaios sobre a teoria da sexualidade.* 2 ed., ESB vol. VII, Rio de Janeiro: Imago, 1987.

14 Alfredo Naffah Neto, *O inconsciente como potência subversiva*, p. 67.
15 David Arrigucci Jr., *op. cit.*, p. 114.
16 Chico Buarque, *O que será.*

KEHL, Maria Rita. *A mínima diferença: masculino e feminino na cultura*. Rio de Janeiro: Imago, 1996.

MENEZES, Adélia Bezerra. "Verdade e imaginação ou uma releitura de Eros e Psique, de Fernando Pessoa". In: CATAFESTA, Ivonise F. M. (org.). *D. W. Winnicott na Universidade de São Paulo*.

MORAES, Vinicius de. *Nova antologia poética*. São Paulo: Companhia das Letras, 2005.

NAFFAH, Alfredo Neto. *O inconsciente como potência subversiva*. São Paulo: Escuta, 1991.

UMA QUESTÃO DE AMOR: EROS–ANTEROS E A INTERMEDIAÇÃO DE ÉRIS

VALÉRIA SANCHEZ SILVA

Este trabalho trata da dimensão das "questões amorosas" e tem como ponto de partida a mitologia grega, origem e base da cultura ocidental. A atualidade dessa temática faz-se presente na contemporaneidade, refletida na psicanálise, na vida real, nas artes, espelhos da mesma quimera. Uma breve incursão na minha experiência clínica finaliza o texto.

O amor é uma tarefa – e por que não dizer? – a tarefa das tarefas! Exige que todo nosso ser se ocupe dele, trazendo e levando sentido e/ou sintomas, num entrecruzar de forças. Entendido como dimensão erótica original. Segundo Chevalier: "(...) é a repetição da hierogamia primeira, o enlace do Céu e da Terra, do qual nasceram todos os seres (...) o símbolo da harmonia, da alternância e da conjunção dos opostos, sem dúvida da fecundidade."[1] Ele transcende a sexualidade como impulso vital e distingue-se da pornografia por seu caráter estético e sagrado. No mundo oriental, o taoísmo e o tantrismo tratam a dimensão amorosa como a manifestação sagrada da matéria.

No mundo ocidental, Eros despontou na vertente mítica grega como o deus primordial e surgiu paralelo ao Caos. Na teogonia de Hesíodo, século VII a.C., foi descrito como o mo-

1 J. Chevalier, *Dicionário de símbolos*, p. 378.

tor da vida, responsável pelos movimentos de atração (Eros) e repulsão (Anteros), que une e separa todos os elementos da natureza e traz a inauguração da vida em movimento contínuo. O romantismo, como movimento literário e filosófico (século XIX), retoma a idéia primordial do amor como fonte e sentido da vida: "A busca da unidade com o absoluto, (...) a inspiração nas religiões orientais, a exaltação dos instintos, dos sentimentos, da imaginação e da fantasia amorosa"[2] são questões que regeram e foram predominantes nesse período.

Na modernidade, o amor romântico continua atuante. Segundo a antropóloga Helen Fisher, em recente pesquisa da Organização das Nações Unidas, dois terços dos habitantes dos países pesquisados, tanto no Ocidente quanto no Oriente, declararam ter estabelecido pelo menos um relacionamento em sua vida com base na paixão e no amor romântico. Ainda segundo Helen, o ser humano vem cantando sua cara metade há pelo menos três mil anos, data dos primeiros registros de poemas românticos.[3] Em recente entrevista ao folhetim interno do Unibanco, o cineasta Arnaldo Jabor é questionado se as grandes histórias são mesmo as de amor, e responde: "*o amor é um tema eterno, tudo é amor...*"

Somos todos, invariavelmente, afetados, de uma forma ou de outra, pela dimensão amorosa ao longo de nossa vida. A falta básica que nos acompanha desde o nascimento é, segundo a psicanálise, a responsável por instalar em nós o desejo romântico de preenchimento e completude. No âmbito religioso e metafísico, a idéia de *paraíso*, para o mundo ocidental, equivale à idéia de *nirvana* para o mundo oriental, vertentes da mesma questão: da necessidade de preenchimento e plenitude que o nascimento, a separação do amor como fonte primeva, teria nos causado.

2 A. Ferreira, *Novo Aurélio, século XXI*.

3 Helen Fisher, *Anatomia do amor humano*.

Neste trabalho, vamos nos ater à dimensão de completude para o preenchimento humano de amor romântico. Penso que o âmago da discussão não seja o fato de o homem carregar a demanda do desejo de completude, mas sim o modo como vai resolver a questão.

Eros–Anteros

EROS É DESCRITO no mito de Aristófanes, em *O banquete de Platão*, como o representante-mor do princípio de vida, aquele que reúne em relações o que estava separado: "Complicar a vida reunindo a substância viva, estilhaçada em partículas, em unidades cada vez mais extensas, e naturalmente conservá-las neste estado."

Segundo Brandão, Eros, do grego, significa desejo incoercível dos sentidos:

> (...) na Teogonia de Hesíodo, Eros é o mais belo entre deuses e mortais, dilacera e transtorna o juízo dos deuses e dos homens. Dotado (...) de uma natureza vária e mutável, o mito do deus do amor evoluiu muito, desde a era arcaica até a época Alexandrina e romana, isto é do séc. IX a.C. ao séc. VI d.C. Para Platão, no Banquete, Eros (...) preenche o vazio, tornando-se assim o elo que une o Todo a si mesmo. É uma força, uma enérgueia, uma energia, perpetuamente insatisfeito e inquieto: uma carência sempre em busca de uma plenitude. Um sujeito em busca de objeto. De um outro lado, Eros traduz ainda o complexio oppositotum, a união dos opostos. O amor é a pulsão fundamental do ser, a libido que impele toda existência a se realizar na ação (...) essa passagem ao ato só se concretiza mediante o contato com o outro.[4]

4 J. Brandão, *Mitologia grega.*

Breuer, em *Estudos sobre a histeria*, 1885, emprega o termo Eros e designa-o como poder de aspecto demoníaco: "a jovem pressente em Eros a força terrível que vai reger seu destino, decidi-lo, e é isso que a apavora."[5]

Segundo Freud: "a libido das nossas pulsões sexuais coincidiria com o Eros dos poetas e dos filósofos, que mantém a coesão de tudo o que vive."[6] A partir de *Para além do princípio do prazer*, utiliza o termo Eros como pulsão de vida e Tanatos como pulsão de morte.

O princípio de Eros inclui a qualidade polar de Anteros, seu irmão gêmeo que representa o antiamor, ou seja, o desamor. Essa força complementa e aperfeiçoa o serviço de Eros; separa os elementos, evidencia as diferenças, parte em novas composições e criações, fazendo que a força de repulsão atue no conjunto. Evita-se, assim, que Caos, apenas movido por Eros, se aglutine numa comum unidade e se manifeste apenas como força *una*. Necessitamos de Anteros para, literalmente, trazer o diferente, o outro, o desigual, a alteridade, as multifaces do diverso para poder realizar literalmente a fundação do Universo.

Na sua dimensão de totalidade, Eros dá sentido à massa confusa e disforme do Caos, unindo e separando os elementos. Essa pulsão vital, anterior ao amor individual, está presente como força primordial, representante da vida, tanto na natureza física como na metafísica, orgânica e emocional.

Eros na psicanálise

EROS ATUA EM nossa vida como pulsão vital que inclui: amor e desamor, união e separação, pulsão de vida e pulsão de morte.

5 Laplanche & Pontalis, *Vocabulário da psicanálise*, p. 206.

6 S. Freud, *Para além do princípio do prazer*, citado por Laplanche & Pontalis, em *Vocabulário da psicanálise*, p. 206.

Na psicanálise, a pulsão de morte pode ser equiparada a Anteros, a força polar de Eros, que tem por fim reduzir as tensões no exercício das separações, evitando que a excitação chegue a um nível traumático. (Pode-se chegar a zero, o que representaria a ausência de pulsão, ou seja, a morte.)

Freud ressalta a captura a que estamos sujeitos quando estamos em estado amoroso, assim como o conseqüente sofrimento a que somos submetidos quando ocorre o seu desvencilhar.

> O teste da realidade revelou que o objeto amado não existe mais, passando a exigir que toda a libido seja retirada de suas ligações com aquele objeto. (...) Por que essa transigência, pela qual o domínio da realidade se faz fragmentariamente, deve ser tão extraordinariamente penosa, de forma alguma é coisa fácil de explicar em termos de economia. (...) Contudo, o fato é que quando o trabalho do luto se conclui, o ego fica outra vez livre e desinibido.[7]

Quando termina tal período de sofrimento, de atividade penosa, quando o trabalho de luto se dissipa, no interior e/ou exterior da psique, o ego fica, enfim, liberto. Porém, é muito difícil e penoso o trabalho de retirada da libido. O processo de desligamento do objeto amado nem sempre tem um final feliz, deixando, por vezes, a pessoa comprometida com seqüelas e sintomas recorrentes. Estamos aqui diante de um aspecto terrível do sofrimento humano.

O amor, como pulsão fundamental do ser, impele toda a existência a se realizar na ação do sujeito em busca do objeto, até a sua concretização decorrente do contato com o outro: esse é o eixo central deste texto.

7 S. Freud, *Luto e melancolia, Obras completas*.

Como seria possível que um outro ser humano, com a mesma falta básica, pudesse nos preencher? Quais poderiam ser as conseqüências da projeção de aspectos que nos faltam em outro ser? Falar de projeção é, segundo a psicanalista Eliana Shueler Reis, falar da atração que as pessoas exercem umas sobre as outras: "Mais do que uma simples reedição dos conflitos infantis recalcados, (...) é uma força capaz de produzir metamorfoses subjetivas, afetando corpos e almas."[8]

Podemos falar de romantismo e psicanálise descrevendo formas antagônicas de ser e estar no mundo. Nesse sentido, podemos entender a psicanálise como um modo operante de *pessimismo,* no qual, no que diz respeito à economia psíquica, predomina a pulsão de morte em oposição ao otimismo romântico, no qual impera a pulsão de vida. A temática amorosa e sua vertente romântica nos persegue vida afora: ideais de completude, ilusões de preenchimento e amor eterno, assim como a visão pessimista de que a realidade dispõe: limites, desilusões e vicissitudes sem alegorias, que a visão psicanalítica nos oferece. No confronto, estão tese e antítese, que esses dois aspectos da vida humana propõem. Na síntese, a fusão de ambos que a ironia da vida dispõe. Loureiro explicita o paradoxo entre psicanálise e romantismo:

> (...) o quanto a psicanálise pode ser vista como denunciando certas ilusões românticas, como a idealização do passado, do futuro (...) ou mesmo os anseios de unidade e de plenitude, que Freud avaliava como uma forma de escapismo, (...) uma espécie refinada de pessimismo realista, (...) quando comparada ao otimismo da vertente romântica.[9]

8 Eliana S. Reis, *Fenômenos transferenciais e subjetivação*, p. 36.

9 I. Loureiro, *O carvalho e o pinheiro – Freud e o estilo romântico*, p. 52.

Perante tal temática dual, podemos levantar algumas reflexões: se de um lado entendemos romantismo e psicanálise como opostos entre si, parafraseando Naffah: *há um grande fosso que separa os personagens românticos do pessimismo psicanalítico*; de outro, estão ambos inevitavelmente comprometidos com seu oposto.

Ampliando a visão separatista entre psicanálise e romantismo, Loureiro argumenta que o próprio romantismo convive com a idéia de que o anseio de totalidade é por si mesmo inatingível, sendo que o fruto desse paradoxo cria um outro movimento: "(...), o desejo de unidade e de totalidade (...) coexiste com a consciência de que esse anseio é impossível. Ao movimento oscilatório que se instaura entre esses dois pólos, a esta tensão,(...) chamamos ironia."[10] Tendo em vista a direção do desejo em busca da totalidade e a real impossibilidade dessa completude, cria-se, no bojo do próprio romantismo, o paradoxo e seu fruto original: a ironia da vida, que nos leva a contemplar, ao mesmo tempo, céu e inferno.

Psicanálise ou romantismo?

Temos a tendência de assumir uma determinada postura, com o intuito de dar à nossa vida a orientação da premissa escolhida. Levantamos, então, bandeiras, que podem nos dar a ilusão de seguir com coerência uma dessas opções na vida, pelo menos com relação à postura filosófica. Como vimos, entretanto, ambas as tendências e pulsões nos habitam. A defesa otimista ou pessimista não é suficiente para que nossa vida siga uma vertente "coerente", assim como não nos impede de cair no seu contrário. Muitas vezes, sentimo-nos jogados na direção oposta à nossa escolha, levados, de forma mais ou menos violenta, con-

10 I. Loureiro, *op. cit.*, p. 225.

tra a maré de nossa intenção, e caímos em armadilhas que a própria vida se encarrega de criar. Então, percebemo-nos vivendo às avessas... As posições otimistas ou pessimistas invertem-se, somam-se, contradizem-nos... Casam e descasam-se entre si e entre nós, a favor ou contra pensamentos, sentimentos e desejos, para depois nos recompor – ou não –, partindo convicções e corações, mudando caminhos e padrões e, de qualquer modo, trazendo muito serviço à reconstrução da psique... Podemos chamar essa confusa senhora de: "Ironia da vida".

Jung, na psicologia analítica, costumava citar o fenômeno psicológico da enantiodromia, como responsável por esse efeito-rebote que contém, ao mesmo tempo a dualidade, convertendo uma atitude, emoção ou pensamento em seu oposto, um efeito compensatório que equilibra, de forma automática, nossos excessos e faltas.

Penso que a ironia, fruto do otimismo romântico e do pessimismo psicanalítico, ocupa aqui um terceiro lugar especialmente privilegiado, porque contempla a oposição e devolve-nos a dualidade tão contraditória e, por vezes, patética, com uma saída honrosa, porque autentica os aspectos ambivalentes e aparentemente não conciliatórios da nossa interioridade.

O realismo, ou pessimismo psicanalítico

NA CENA DE casamento entre Frida e Diego Rivera, do filme *Frida Kahlo*, há um discurso feito por uma amiga do casal: "Não acredito no amor, no casamento (...) é só uma bela ilusão: dois seres que se amam, e que nem imaginam o quanto farão o parceiro infeliz". Levantam-se aqui, alguns desses aspectos de projeção negativa: ilusão de preenchimento mútuo, via 'falta básica' dobrada, tolerância ou intolerância entre carentes e carências ou, ainda, a eclosão de um profundo abismo relacional.

A projeção idealizada na completude de um outro ser humano pode nos levar, em maior ou menor tempo e grau, a frustrações, mas também a possibilidades de desenvolvimento psicológico. Apesar de o pessimismo psicanalítico ser profundamente realista, insistimos no debate. Na contramão dessa vertente, não estamos imunes de cair no seu oposto, ou seja, numa "paixonite aguda", traídos ou atraídos por *Eros–Anteros*, principalmente quando negamos, se tivermos negado, a vertente romântica ao longo da vida. São os efeitos enantiodrômicos da psique.

A posição romântica se faz presente numa anterioridade que se perde na história, cantada nos hinos míticos em "Hesíodo" e "Orfeu", assim como tal posição ainda está viva e pulsa no centro olímpico de nossas cidades e dias. A humanidade viveu e continua a viver uma saga sem fim por entre as tramas do amor, de forma tão intensa, no contexto do mundo que nos cerca, que me arrisco a afirmar que tal desejo de *amor*, acompanhado de seu séqüito de idealizações, fantasias de preenchimento e felicidade eterna, continua, sendo o arquétipo representante da força motriz que impulsiona nossa vida.[11]

Em resposta à falta básica, o romantismo nos chega com sonhos de "felicidade para sempre", paraíso e completude, na relação erótica, ou seja, norteada por Eros. O amor romântico nos leva ao desejo de união total com o ser amado. No livro *Fragmentos de um discurso amoroso* podemos ler sobre o verbete união: "a alegria sem mácula, a perfeição dos sonhos, a magnificência divina. O coser e o colar as metades do Andrógino de Platão (...) Sonho de união total: impossível, no entanto todos insistem."[12] É o desejo de uma fusão indiferenciada.

11 Ouvindo uma programação de uma das rádios FM de São Paulo, constatei que em uma seleção seqüencial de dez músicas brasileiras, sete delas contemplaram a temática romântica (em fases de felicidade e otimismo, ou do sofrimento e pessimismo) e apenas três versavam sobre outras dimensões da vida cotidiana.

12 Barthes R, *Fragmentos de um discurso amoroso*, p. 248.

Quando atravessados por essa dimensão, temos a necessidade de dar vazão e expressão aos sentimentos que nos possuem. A dimensão de Eros, segundo Brandão, "impele toda existência a se realizar na ação..." Penso, na maior parte das vezes, que a experiência é a única forma saudável ou o melhor meio que temos para vivenciar os conteúdos projetados e "pagar para ver": o que é real e o que é idealizado. A passagem ao ato concretiza-se mediante o contato com o outro. Descarregar as pulsões amorosas é dar conta da freqüência de libido que nos invade; vivê-las é a possibilidade de aprender sobre o outro, de aprender com o outro. O êxtase é a vivência plena desse estado: pôr para fora, exteriorizar a dimensão do *daemon*[13] da força, da pulsão que nos habita.

Eros por Dionísio

ESSA ESPÉCIE DE amor equivale ao êxtase dionisíaco dos iniciados: que une, comunga deuses e homens e transcende toda limitação. Esse é um estado de plenitude e entusiasmo. "Feliz é o mortal que, consciente da divindade de nossos mistérios, santificando sempre a sua vida, sente que tem a alma de um devoto (...) celebra depois de purificado como se fosse um santo, a sacra orgia."[14] O culto de Dionísio se diferenciava dos demais, exatamente por caracterizar um estado de possessão, no qual o deus cultuado não estava fora, mas na própria vivência, na experiência, na interioridade.[15] O culto a Dionísio evocava a experi-

13 *Daemon*: do latim, espírito mau ou bom.

14 Eurípides, *As Bacantes*, 2002.

15 Dionísio, o deus do vinho, filho de Zeus e Sêmele, não era originalmente um deus helênico, mas um deus estrangeiro, vindo da Ásia, da Lídia, especificamente da Índia, importado do Oriente. Ele próprio representava o estrangeiro, rejei-

mentação profunda na comunhão com as dimensões de Eros. Segundo Brandão, estar possuído pelo deus é dissolver o ego rígido e seco no aspecto úmido e liquefeito, é voltar em visitação à fonte original, onde o vinho e o sangue se fundem num fluído vital, unindo-nos à própria vida sem distinção de raça, gênero ou lei. A água e as emoções fazem mover, o inconsciente dilui como solvente, o útero original como "*habitat* dos amantes" na nova vida, dentro e fora, sem separação... A comum união, o sentimento de não-separação dissolve e reintegra-nos à humanidade, ao princípio de vida original e assim o entusiasmo[16], a grande alegria processa-se.[17]

A rejeição de Eros...

Rejeitar a dimensão amorosa é rejeitar a experiência do ilimitado, do divino em nós. A rigidez da presunção de escapar da captura do deus leva-nos à desmedida, à *hibris*, à pretensão de não perder o controle, de não ser possuído, de não se perder no outro, de não se entregar, de não amar... Nesse sentido, o ego rígido pode constelar o aspecto polar do deus Dionísio, ou seja, a loucura. Temos pouca ou nenhuma saída: ou nos entregamos ao estado de posse amorosa, de união e êxtase (caracterizado na psicanálise como um episódio psicótico) ou enlouquecemos na resistência insana da rejeição da experiência do divino em nós. A pulsão é sempre maior que as possibilidades egóicas. De qualquer forma, há um momento, quase sempre trágico, no qual, por

tado pelo rei Penteu, que se recusava a render-lhe culto. Dionísio representava a dimensão festiva e sagrada do *hierus-gamus*, casamento sagrado, a união total entre homem e mulher, no ritual advindo do tantrismo hindu.

16 Entusiasmo, do grego *enthousiasmós*: trazer um deus dentro de si.

17 J. Brandão, *op. cit.*, p. 269.

morte, por decepção e/ou separação, perdemos o objeto amado. Impulsos destrutivos são disparados: o desejo de morte eclode na dimensão de Anteros, e a pulsão de morte é acionada.

Tentar escapar pela tangente é outra forma; pelo menos, é uma tentativa de responder à questão, não respondendo nada, ou seja: viver não vivendo plenamente. Essa resposta nos leva a outro tipo de sofrimento psíquico, ligado à temática amorosa, que é a ausência de experiências amorosas, tanto das prazerosas quanto das desalentadoras; simplesmente a falta de experiências. O sofrimento que o amor 'não vivido' pode causar, deixa marcas indeléveis, por falta de marcas concretas. O poeta Vinicius de Moraes fala, ou melhor, canta, com maestria e reprovação aos que fogem da experiência do amor:

> Quem já passou por esta vida e não viveu
> Pode ser mais, mas sabe menos do que eu,
> Porque a vida só se dá, para quem se deu,
> Para quem amou, para quem, chorou, para quem sofreu
>
> Quem nunca sentiu uma paixão
> Nunca vai ser nada não. (...)
> Ai... de quem não rasga o coração
> Esse não vai ter perdão

A pretensão de controlar Eros está na polaridade oposta de rejeitá-lo: é crer que o poder dionisíaco nos pertence. A inflação desse arquétipo nos faz acreditar que somos os donos ou mentores das emoções que nos invadem, que temos qualquer controle, quando, na verdade, estamos desgovernados e somos controlados. Acreditar que possuímos o amor, sendo que, na verdade, somos 'possuídos' por ele. Os ritos orgiásticos são a rememoração da origem da vida como pulsão original. É Eros, atraindo e instalando a vida por si e em si mesma.

Eros como Cupido

A VERSÃO DO mito de *Eros* como *Cupido*, filho de *Afrodite*, traz um aspecto maroto e infantilizado do amor que nunca cresce. *Eros* ou *Cupido,* de rosto angelical e atos diabólicos, tinha como brincadeira favorita jogar com o destino de deuses e humanos, lançando às cegas suas flechas envenenadas de amor. Todos os que eram afetados tinham a mesma sina: encontravam-se e perdiam-se nos desígnios do amor tirânico e arrebatador do travesso deus.

Encontramo-nos todos, amando ou não, apaixonados ou sofrendo pelo desvencilhar da paixão, atingidos pelas flechas do amor ou, então, tentando fugir de Cupido, indo ao encontro de Eros por livre e espontânea vontade ou por necessidade e/ou imposição. Somos atingidos e quando não, sentimos a vida vazia e sem sentido. Flechas venenosas de prazer e dor alternam estados de êxtase e sofrimento, paixões sublimes ou insanas. Arrastam-se os destinos em dramas, que, às vezes, mais parecem comédias ou, ainda, tragicomédias.

Eros na clínica

A TEMÁTICA AMOROSA talvez seja a que mais demandas traz ao consultório, pelo menos tem sido esse o resultado das observações na minha prática clínica. Por trás dos sintomas: depressões, fobias, obsessões, paranóias em diversos graus de complexidade e severidade, estão as histórias de vida, histórias de amor, de prazer e completude e de frustração, abandono e solidão. Marcas deixadas por Eros–Anteros como questão central, predominante dentre as temáticas da vida. Encantos e desencantos, êxtases e desastres somam-se às pulsões de vida e de morte, em histórias literais de vida e morte.

Trago, como ilustração, o caso de uma paciente que viveu um intenso romance extraconjugal e que, ao longo desses meses, referia-se a si mesma como se estivesse *morando literalmente no céu*. O sonho descrito abaixo prenunciava o desenlace amoroso:

C. N. SEXO FEMININO, 39 anos, dois filhos adolescentes, decoradora.
O sonho: *A queda*

Em estado de plenitude e amor, subia flutuando, sem peso, na direção do céu, ao encontro do meu amado. Encontrávamo-nos arrebatados, ambos em estado de êxtase. Quando estávamos acima das nuvens, uma força maior nos desligava. Era como se uma força alheia nos tivesse "desplugado" da força que nos sustentava. Imediatamente perdi o contato com ele e comecei a cair. Via as nuvens abaixo se aproximando em vertiginosa queda. Via ainda do alto a cidade de São Paulo, a marginal Pinheiros e o rio Pinheiros se aproximando... Era um dia cinzento, de chuva, embora não estivesse chovendo. De repente, surge, entre minhas mãos, uma almofada redonda e azul. Uma voz me dizia:
– Agarre-se a essa almofada como se ela fosse uma bóia e não a solte sob nenhuma circunstância. Quando cair no rio, feche a boca e permaneça assim para que a água suja não venha a contaminá-la. Não tente nadar, alcançar as margens, nem sair do rio, porque você não vai conseguir lutar contra as forças da correnteza e precisará de forças para chegar viva ao final.
Assim se deu, caí no rio sujo, agarrada à almofada e com a boca fechada, deixei-me conduzir pela correnteza. A sensação e o sentimento eram horríveis e desesperadores, mas eu sabia que tinha de me deixar levar... Após um tempo (uma semana talvez) estava a cerca de 300 quilômetros da cidade de São Paulo, era um dia de sol e o rio encontrava-se muito limpo. Sou levada à margem tranqüila e rasa, algumas pessoas me cercam e me falam para sair

> de lá, mas não tinha forças para sequer tentar ficar em pé. Surge um homem e me carrega no colo até uma casa simples, onde eu receberia algum tipo de primeiros socorros.

Esta moça vivia, na época do sonho, um intenso romance extraconjugal. O sonho prenunciava o episódio da queda dos amantes. Na época, literalmente levitando sob asas de Eros, arrebatada pela paixão, a paciente não deu importância ao sonho. Ela sequer questionava o fato de que o estado em que se encontrava, morando acima das nuvens, não poderia se sustentar, e que o sonho já prenunciava a necessária descida. Três meses depois do sonho, o anúncio de separação aconteceu, e ela, imediatamente, lembrou-se dele, cujos sentimentos foram literalmente revividos na vida real. A voz orientadora do sonho foi preciosa nessa fase tão difícil do desvencilhar amoroso: Render-se à inevitável queda, às forças de *Anteros,* prender-se à almofada redonda e azul (esta era uma almofada que C. usava para praticar meditação), manter a boca fechada, deixar-se levar pela correnteza e confiar que as águas naturalmente se limpariam. Todas essas dicas foram seguidas à risca pela sonhadora. A confiança de que seria salva, mesmo sentindo a dimensão da morte nas águas sujas do rio Pinheiros, ajudou-a a atravessar o período mais crítico. Silenciar, não abrir a boca, a ajudara a expor-se menos, evitando contaminações e falas destrutivas. Ao término do processo, meses depois, ela, esgotada, sente a vida novamente sob seus pés, embora ainda estivesse sem forças para retomar a rotina do dia-a-dia. Foi ajudada por amigos.

No Inferno de Dante, a subida aos céus dos amantes, retrata uma experiência que encontra paralelo na história da sonhadora:

> Invocando Apolo, o Poeta conta como no Paraíso terrestre, ele e Beatriz se alçaram ao Céu, atravessando a esfera do fogo. Beatriz

> explica-lhe como pode vencer o próprio peso e subir. É atraído pelo invencível amor.[18]

Como tudo que sobe desce, ao êxtase da levitação dos amantes, atraídos pelo invencível amor (Eros), sobrevém a queda e o peso da descida, a separação (Anteros). Esse sonho enfatiza o episódio menos paradisíaco que é o desvencilhar dos amantes ou a perda do estado paradisíaco que o comungar amoroso constela. A vivência do inferno, como uma dimensão *diabólica*, carrega o sentido etimológico de se estar privado, separado da presença do amado.

Éris, a grande questão[19]

AS QUESTÕES amorosas nos são dadas pela entidade da vida, na mitologia grega batizada por Éris.

> A deusa Éris, a Discórdia, irritada e ofendida por não ter sido convidada às núpcias de Tétis e Peleu, lançou no meio das deusas uma maçã de ouro, com a inscrição: "À mais bela". Todas as deusas a quiseram, pois, ainda que deusas, eram mulheres e cada uma se achava mais formosa que a outra. Por fim, como se não chegasse a um acordo, foi designado o mortal Páris para ser o árbitro. Este atribuiu a maçã de ouro à Afrodite. Esta prometeu-lhe como prêmio desposá-lo com a mulher mais bela da terra, que era a esposa de Menelau. Helena foi raptada por Páris, dando início à Guerra de Tróia.[20]

Éris, a Discórdia, entra, mesmo sem ser convidada, no melhor da festa de nossa vida, no cinema, no teatro, na casa da vizinha,

18 Dante Alighieri. *A divina comédia, parte: Paraíso*, 1955.
19 Tassilo Spolding. *Dicionário de mitologia greco-latina*, p. 90.
20 Junito Brandão, *op. cit.*, p. 134.

na lanchonete, na ópera, no mundo dos negócios, nos supermercados da vida, enfim, em todos os lugares possíveis e impossíveis, e nos instiga à grande questão, ao oferecer o pomo de amor para a mais bela, e a mais bela para os *Páris* da vida. Romances, contos, novelas, vida real e literária se confundem. É quando e onde ela, a *Discórdia,* se instala para assistir de camarote as conseqüências de sua provocação! Deusas e deuses caíram na armadilha de *Éris*, como poderíamos ter escapado da contenda?

Homens e mulheres, mais ou menos embriagados com vinhos ou anfetaminas, percorrem ou fogem do séqüito de Dionísio, das flechas do Cupido, das maçãs de amor de Afrodite. Compomos, assim, a escalada de nossas vidas com suas peregrinações, impulsionados por Eros–Anteros. Nesse jogo, Éris, a Discórdia, é a deusa que nos provoca e atiça no jogo da própria vida, sem a qual as festas não estariam completas.

Segundo Brandão, *Hesíodo* distingue duas *Éris,* ou Discórdias: uma perniciosa, filha da noite; outra salutar, que desperta o espírito.[21] Podemos receber a contenda como um impulso cego e inconsciente ou como o despertar do ânimo, à maneira da vida. De qualquer forma, Éris traz questões vitais. Ela tem nos intimado a viver e amar o *outro*, essa alteridade projetada que nos reflete, na completude, na falta, na recomposição e reconhecimento de nossa humanidade, na humildade da falta, no desejo precário que completa, *daemonicamente*, ou seja: divina e/ou diabolicamente.

Éris e ironia

A PALAVRA IRONIA, no sentido etimológico, vem do grego *eironeía*, *éiron* e significa: interrogante. Essa é exatamente a mesma raiz da palavra grega *Éris,* de raiz indo-européia *erei* que significa

21 Junito Brandão, *op. cit.*

perseguir, acossar, interrogar. Éris, na literatura, significa luta, combate, rivalidade, emulação.

Ironia e *Éris*, trazem ambas, em seu bojo, a grande questão, que é o chamado da vida na composição de instigar-nos ao tornar-se humano. Parece que não é suficiente termos nascido humanos, é preciso aprender a responder às questões que o amor evoca, para que efetivamente nos humanizemos. Entendo a dimensão da ironia como a própria vida reinando em todo o seu esplendor, na mútua intimação entre os contrários, em que um interroga, acossa, combate, completa e instiga o outro.

Palavras finais

JUNG, AOS 83 ANOS, em uma de suas últimas correspondências, escreve ao amigo Miguel Serrano:

> É somente no amor que todo o ser atua, estando disposto a arriscar a vida, a ir além das dimensões conhecidas do ego (...) Esse é um estado de bênção, porque nos eleva, e de maldição, porque nos abate...[22]

Sabemos que nesta contenda podemos ativar o crescimento psíquico, num processo de ampliação de consciência, assim como nos desencaminhar na direção de desastres e patologias. De qualquer modo, é o amor que nos move, nos leva, eleva e impulsiona na direção da grande tarefa que é viver. O amor nos faz ter coragem para aventuras e dimensões da existência, as quais, sem ele, não ousaríamos romper.

22 Miguel Serrano. *El círculo hermético, Hermann Hesse a C. G. Jung, cartas originales de dos amistades*, p. 131.

Voltando ao filme *Frida Kahlo*, na parte final do discurso de casamento, a amiga do casal conclui:

> Mas quando duas pessoas sabem disso e decidem de olhos bem abertos enfrentar o amor, o casamento, não acho que seja conservadorismo, nem delírio, e sim um ato radical, corajoso e (por que não?) muito romântico.

O brinde final fica para: *Eros–Anteros*, para a fundamental *Éris*, para as ironias representantes da força instigante, e, principalmente, para *nossa vida como resposta*...

REFERÊNCIAS BIBLIOGRÁFICAS

ALIGHIERI, D. *A divina comédia, parte: Paraíso*. Canto I. São Paulo: Companhia Brasil, 1955.

BARTHES, R. *Fragmentos de um discurso amoroso*, Lisboa: Edições 70, 1977.

BRANDÃO, Junito. *Mitologia grega*, vol. I. Rio de Janeiro: Vozes, 1987.

CHEVALIER, J. *Dicionário de símbolos*. 2 ed. Rio de Janeiro: José Olympio, 1982 .

CUNHA, A. G. *Dicionário Etimológico Nova Fronteira da Língua Portuguesa*. 2 ed. Rio de Janeiro: Nova Fronteira, 1986.

EURÍPIDES. *As Bacantes*. Rio de Janeiro: Jorge Zahar, 2002.

FERREIRA, A. *Novo Aurélio, século XXI*. Rio de Janeiro: Nova Fronteira, 2003.

FISHER, H. *Anatomia do amor humano*. São Paulo: Eureka, 2000.

FREUD, Sigmund. *Obras completas*. Madrid: Biblioteca Nova, v. II, 1973.

LAPLANCHE & PONTALIS. *Vocabulário da psicanálise*. São Paulo: Martins Fontes, 1975.

LOUREIRO, I. *O carvalho e o pinheiro – Freud e o estilo romântico*. São Paulo: Escuta /FAPESP, 2002.

REIS, S. *Fenômenos transferenciais e subjetivação*.

SERRANO, M. *El círculo hermético, Hermann Hesse a C. G. Jung, cartas originales de dos amistades*. Buenos Aires: Kier, 1990.

SPALDING, Tassilo. *Dicionário de mitologia greco-latina*. Belo Horizonte: Itatiaia, 1965

PARTE III

NO COTIDIANO DAS RELAÇÕES

NIETZSCHE E OS MODOS DE AMAR NA CONTEMPORANEIDADE

PAULO ROBERTO DE CARVALHO

Um olhar lançado sobre a obra de Nietzsche, nos dias de hoje, passado um século de sua morte, deixa-nos entrever todo o conjunto de expectativas que esse autor guardava quanto à utilização futura de seus textos. Nietzsche foi um crítico radical da cultura, dos modos de organização da vida em sociedade e das instituições criadas para torná-la possível, insistindo, em diferentes momentos, que seus escritos se dirigiam a um mundo futuro, a um porvir distante e a um tipo humano que, no seu tempo, era inexistente. Se hoje retornamos à sua obra com o objetivo de compreender e criticar a vida nas sociedades atuais é porque a sua descrição do humano em sociedade permanece vigente, tendo-se acentuado, inclusive, as tendências que Nietzsche entrevia como dominantes no processo civilizatório.

Em alguns escritos dos seus últimos anos de lucidez, tais como *O caso Wagner e Nietzsche contra Wagner*[1], uma das perspectivas delineadas por Nietzsche corresponde à descrição e à caracterização das idealizações, bem como do modo como estas aparecem na vida cotidiana, aplicadas a uma diversidade de

1 Friedrich Wilhelm Nietzsche, *O caso Wagner – um problema para músicos/Nietzsche contra Wagner – dossiê de um psicólogo.*

aspectos da existência. É necessário considerar aqui que as idealizações, nas quais pretendemos nos aprofundar, são manifestações de uma concepção metafísica de mundo, ou seja, de uma construção imaginária que supõe a existência de outro mundo, de outra vida para além desta que, como Nietzsche bem assinalou, resulta num desprezo para com esta vida, uma desqualificação desta existência tal como é. A superação da metafísica é uma marca definitivamente inscrita na obra de Nietzsche. Estender tal superação até o conjunto das idealizações presentes na vida cotidiana, porém, acrescenta uma vantagem estratégica para o projeto nietzschiano, uma vez que desmistifica a metafísica lá onde ela não diz o seu nome, escondida sob o manto da moral, com as suas dicotomias simplificadoras.

No seu livro *Nietzsche contra Wagner*, o autor realiza uma descrição das idealizações, na qual sua origem metafísica ganha contornos mais nítidos. Como tributária da metafísica, a idealização corresponde a um empobrecimento da vida. Assim, dentre os seres humanos aquele "... que mais sofre, o mais pobre de vida necessitaria ao máximo de brandura, paz e bondade – do que hoje se denomina humanidade – tanto no pensar quanto no agir."[2]

Eis aqui descrita, nas suas diferentes características, a emergência de uma idealização. Ela comporta, primeiramente, uma partilha moral, que se aplica sob determinado contexto da realidade a ser idealizado. Esse procedimento reúne, na construção de uma imagem, todas as características moralmente avaliadas como boas, como desejáveis. Daí Nietzsche dizer que o sujeito, neste processo, carece de "brandura, paz, bondade". Pode-se observar que a idealização se dá pela exclusão do que é tido como mal. Nietzsche assinala que até mesmo a nossa idéia corrente de humanidade já comporta idealização. Realizada a

2 Friedrich Wilhelm Nietzsche, *op. cit.*, 1999, p. 60.

partilha moral, obtém-se uma simplificação do real, agora cindido entre um bem a ser perseguido como modelo inatingível, por intermédio da própria idealização que o congrega, e um mal a ser evitado, seja nos atos, nas palavras ou nas idéias. Eis o que Nietzsche denuncia sob o nome de "tornar-se otimista". Trata-se da crença simplória na afirmação final e definitiva do bem, essa abstração moral. Se tal ilusão se realizasse, ela corresponderia à realização do ideal.

Pode-se entrever, então, assinaladas pelo autor, todas as fases do movimento que, diz Nietzsche, conduz ao embotamento, ou seja, à perda da sensibilidade para com a complexidade da vida, irredutível que é a uma simplificação moral. São estas as fases: primeiramente, uma partilha moral dicotomizadora; depois, a reunião daquelas características tidas como boas, convergindo assim na construção de um objeto idealizado; por fim, uma vez tendo se constituído um modelo ideal de um determinado aspecto da existência, resta a perseguição, *ad infinitum*, dele.

De posse de uma caracterização do processo pelo qual emerge uma idealização, podemos então delinear o objeto de análise em questão: teremos em perspectiva a problemática dos modos de amar na contemporaneidade, a ser analisada sob o crivo da crítica das idealizações.

A escolha do amor, como tema a ser abordado na obra de Nietzsche, não é aleatória, mas decorrente da constatação de que Nietzsche se reporta freqüentemente a ele, referindo-se ao amor em diferentes escritos, ao longo de sua vida. Vejamos uma de suas observações sobre o assunto, presente no seu *Além do bem e do mal*: "O que se faz por amor sempre acontece além do bem e do mal."[3] Uma tal afirmação, mesmo concisa, já justifica a escolha do tema do amor, uma vez que estar além

3 Friedrich Wilhelm Nietzsche, *Além do bem e do mal – prelúdio a uma filosofia do futuro*, p. 80.

do bem e do mal, sabemos, significa realizar a superação da moral e da metafísica, que lhe é subjacente. Assim, o amor aparece em Nietzsche diretamente relacionado com um dos objetivos mais incisivamente alvejados ao longo de sua trajetória.

Uma análise do amor, que opere uma desmistificação das idealizações a ele superpostas ao longo dos séculos, pode ser encontrada na obra de Nietzsche. No fragmento que se segue, extraído do *Ecce homo*, ele considera: "A Circe da humanidade, a moral, falsificou no cerne – *moralizou* – todos os *psychologica* [as questões psicológicas], até chegar ao horrendo absurdo de que o amor deve ser algo 'altruísta'..."[4]

Ser altruísta, querer o bem do outro acima de tudo, estar enfim movido pelas melhores intenções, tornar-se mesmo desinteressado de si, em suma, fazer o bem ao ser amado, eis uma caracterização do amor idealizado, segundo a visão romântica e moralista, dominante na época de Nietzsche e bastante presente ainda nos dias de hoje. Visivelmente já estamos diante de uma idealização do amor e é ela que Nietzsche denuncia. O amor romântico ideal aparece destituído de qualquer satisfação individual, ele é um permanente doar-se ao ser amado.

Por outro lado, tudo aquilo que se distancia, de alguma forma, dessa "elevação espiritual" passa a ser condenado. O processo que aqui descrevemos tem nome. Trata-se da emergência histórica do modelo ideal do amor romântico, a própria idealização do amor que, como tal, opera uma exclusão de tudo aquilo que, num movimento contrário ao da espiritualização, remete-se ao corpo. O sexo é o mal, consideram os moralistas metafísicos inclusive na época de Nietzsche. A realização do amor físico esfuma completamente o véu da idealização, as boas intenções declaradas. Assim é que essa dimensão fundamental da vida humana, a sexualidade, encontra-se sob acusação. Mais

4 Friedrich Wilhelm Nietzsche. *Ecce homo – como alguém se torna o que é*, p. 58.

do que isso, a sexualidade já é, de imediato, condenada. Moralistas e metafísicos, de diferentes matizes filosóficos, se colocam em guarda contra o amor carnal. O sexo é assim excluído do ideal de amor, mas a este Nietzsche contrapõe-se, contra-ataca, usando para isso as mesmas palavras utilizadas na cisão moral do amor. No *Ecce homo*, contra a moral dominante em sua época, Nietzsche afirma os seus próprios valores: "... 'A pregação da castidade é um incitamento público à antinatureza. Todo desprezo pela vida sexual, toda impurificação da mesma por meio do conceito de 'impuro' é o próprio crime contra a vida'..."[5]

Essa passagem nos leva a entrever o combate que Nietzsche trava contra os valores de seu tempo. Aqui, Nietzsche adota como tática a redefinição do conteúdo do discurso tradicional, carregado de uma concepção metafísica. Assinala que o "vício", próprio de nossa época, é antes de tudo a própria idealização e desloca o combate para o campo dos valores. Afinal, a idealização, no caso, do amor, resulta na construção de uma imagem de amor pautada pelo bem. É isso que Nietzsche alveja.

Outra problemática entremeada na citação diz respeito ao valor atribuído à sexualidade nos dias de hoje. Afinal, é possível argumentar que a força do apontamento nietzschiano se encontra perdida, uma vez que a sociedade capitalista recorre à veiculação de imagens da sexualidade de modo permanente. Não estaria todo o discurso de oposição à repressão da sexualidade obsoleto? Recordemos que Michel Foucault denunciou a existência de um "controle-estimulação"[6] da sexualidade operando nas sociedades contemporâneas, o que na prática se caracteriza por uma incitação ao sexo. De fato há, quanto a esse aspecto, uma diferença entre o período vivido por Nietzsche e

5 Friedrich Wilhelm Nietzsche, *op. cit.*, 1995, p. 59.

6 Michel Foucault. *Microfísica do poder*, p. 147.

a contemporaneidade. Mas talvez, ainda assim, a citação anteriormente apresentada possa contribuir para uma compreensão da subjetividade contemporânea no que diz respeito à sexualidade. Atendo-se à constatação de Nietzsche de que a idealização é, sim, o nosso "vício", é possível levantar uma suspeita: não seria o próprio sexo transformado em objeto idealizado na contemporaneidade, ocupando assim o lugar do amor, idealização presente no início do século? De qualquer forma, ainda nos dias de hoje, somam-se milhões aqueles que enveredam pela idealização do amor na sua configuração tradicional, pela pregação da castidade, pela espiritualização, do mesmo modo que no início do século. Assim, o argumento nietzschiano continua válido.

Cabe ainda observar, no fragmento citado, que a perspectiva adotada por Nietzsche na denúncia do vício idealista que nos acomete é aquela que aponta para um amor natural, contra toda a antinatureza da espiritualização. Mas o que é o amor natural? Já sabemos também que ele é extramoral, estando além e aquém de toda partilha moral, de modo que tudo aquilo que foi previamente codificado como mal vai então reaparecer. Vejamos de que modo, em *O caso Wagner*: "Finalmente o amor, o amor retraduzido em natureza! Não o amor de uma 'virgem sublime'! (...) Mas o amor como fado, como fatalidade, cínico, inocente, cruel – e precisamente nisso natureza!"[7]

Os contornos da idealização do amor que até agora exploramos começam então a se perder. Em Nietzsche, o que chamamos de amor pode reservar um destino funesto aos amantes. Uma vez despido da espiritualização metafísica, o amor se revela um empreendimento trágico, em que morte e vida, em

7 Friedrich Wilhelm Nietzsche, *op. cit.*, 1999, p. 13.

que "o bem e o mal" e demais separações similares se perdem em cada acontecimento.

De modo que o amor, descrito exaustivamente pelo altruísmo de suas boas intenções, começa aqui a ser redefinido, incorporando uma série de características anteriormente excluídas. Como veremos, na caracterização de um amor trágico, Nietzsche vai se utilizar da referência à natureza, já citada. Com base nela, Nietzsche chega a considerar que, em alguns casos, o amor assume as feições de um refinado parasitismo. "Em muitos casos do amor feminino, e talvez justamente nos mais famosos, o amor é apenas um parasitismo refinado, um aninhar-se numa alma alheia, por vezes, até numa carne alheia – ah, e sempre à custa do 'hospedeiro'!"[8]

O amor aparece aqui como uma operação de guerra, um ato de conquista e de assenhoramento. Enfim, como uma situação bastante vantajosa para uma das partes. Como vimos, Nietzsche aqui se detém no amor feminino e focaliza sua atenção nas artimanhas que ele comporta, visando a atingir objetivos não confessáveis, completamente ausentes das elucubrações sobre o amor romântico, esse objeto ideal. Mais ainda, o autor chega mesmo a considerar que, no seu conjunto, o amor é uma artimanha. Uma artimanha, como veremos, para uma vida mais fácil, longe dos rigores do trabalho diário. Eis o que diz ele, agora no seu livro *Humano, demasiadamente humano*: "Essas jovens que querem confiar apenas em seus encantos juvenis para o sustento de toda a vida, e cuja esperteza é ainda insuflada por mães astutas, querem o mesmo que as hetairas, apenas são mais sagazes e menos honestas do que estas."[9]

8 Friedrich Wilhelm Nietzsche, *op. cit.*, 1995, p. 15.

9 Friedrich Wilhelm Nietzsche. *Humano, demasiado humano – um livro para espíritos livres*, p. 224.

O fragmento em questão reveste-se da mais impressionante atualidade. Por intermédio dele, Nietzsche deixa entrever qual é o complemento imprescindível da estratégia de um certo amor feminino para se fazer sustentar ao longo da vida: trata-se da instituição matrimonial. Como veremos adiante, também ele, o casamento é objeto da eleição de um modelo ideal. Também ele é afirmado nas suas melhores intenções, à custa do ocultamento de uma parcela da realidade. O texto nietzschiano traz aqui algo como um golpe fatal nas idealizações que cercam o amor e o matrimônio. Vejamos por que.

A já assinalada partilha moral que engendra a idealização do amor contribui para a criação de duas imagens, recorrentemente utilizadas na cultura contemporânea: o "bem" e o "mal", aplicados agora sobre o amor feminino. A primeira dessas imagens é da jovem romântica apaixonada, cujo amor, no entanto, é qualificado como puro, espiritualizado e destituído de um apelo carnal. Não sem razão, ela foi, no senso comum, denominada a "santa", o que revela a origem religiosa da partilha moral. A segunda figura congrega tudo que o idealismo burguês do início do século XX deseja excluir do seu ideal de amor, a saber, o interesse econômico, posto que o amor deveria ser altruísta, bem como o gozo sexual. Essa segunda figura, condenada moralmente, é, muitas vezes, caracterizada como a prostituta. Quando Nietzsche compara a jovem romântica, impelida por sua mãe na busca por um matrimônio vantajoso, às hetairas, palavra cuja significação corresponde hoje a prostituta, é toda a partilha moral do idealismo burguês que vem abaixo. Há, ainda, um traço irônico na comparação proposta, uma vez que, em relação à prostituta, a jovem burguesa aparece como mais hábil na obtenção dos resultados esperados, ainda que, segundo Nietzsche, seja menos honesta do que ela.

Nietzsche detém-se também em outras passagens sobre essa transição do amor ao matrimônio, buscando assinalar o caráter ilusório que cerca tal percurso, particularmente, no que diz respeito à afirmação de um amor eterno.

> Pode-se prometer atos, mas não sentimentos, pois estes são involuntários (...) A promessa de sempre amar alguém significa, portanto: enquanto eu te amar, demonstrarei com atos o meu amor; se eu não mais te amar, continuarei praticando esses mesmos atos, ainda que por outros motivos: modo que na cabeça de nossos semelhantes permanece a ilusão de que o amor é imutável e sempre o mesmo.[10]

A questão que ganha contorno nesse fragmento é o caráter incessante da transformação a que estamos todos submetidos. Mudam-se os nossos sentimentos, diz Nietzsche, e mudamos todos nós ao longo da vida. Assim, a permanência com a qual se compromete o futuro do casal é exclusivamente referida ao desempenho dos papéis sociais, sujeitos a uma verificação, por outrem, na vida em sociedade.

Nesse contexto, mudam-se também as demandas que buscamos satisfazer, inclusive pelo matrimônio, o que pode significar que ele não seja exatamente uma necessidade. Ou, como diz Nietzsche: "Para o homem de vinte anos, o casamento é uma instituição necessária, para o de trinta, útil, mas não necessária: para a vida posterior ele é freqüentemente prejudicial e favorece a regressão intelectual do homem."[11]

Contrariando as aparências, a concepção de Nietzsche não exclui a possibilidade de se contrair o matrimônio. Considera

10 Friedrich Wilhelm Nietzsche, *op. cit.*, 2000, p. 59.
11 Friedrich Wilhelm Nietzsche, *op. cit.*, 2000, p. 229.

apenas imprescindível a desconstrução das idealizações do amor, de modo que seria aceitável, e mesmo legítimo, que os amantes não só fossem munidos de interesses próprios como também que estes fossem explicitados em suas diferenças. Mas, exploremos outras vertentes pelas quais Nietzsche confronta as idealizações do amor.

Na contemporaneidade, o amor idealizado tem se caracterizado por um contínuo aumento das demandas projetadas sobre o cônjuge. Assim, o que se espera de uma mulher é que ela seja, enquanto esposa, também amante, amiga, que auxilie na manutenção do lar e assim por diante. Essa lista de solicitações tende a crescer nos dias de hoje. Mas, que garantia se tem de que é possível que o cônjuge dê conta de satisfazer todas essas solicitações? Nietzsche, já em sua época, lança uma suspeita sobre o empreendimento matrimonial idealizado dessa forma:

> Uma boa esposa, que deve ser amiga, ajudante, genitora, mãe, cabeça de família, administradora, e talvez tenha de, separadamente do marido, cuidar até do seu próprio negócio ou ofício, não pode ser ao mesmo tempo concubina: em geral, significaria exigir demais dela.[12]

Com estas observações Nietzsche apresenta o casamento como um empreendimento possível, desde que não se solicite tudo dele, e ao mesmo tempo. E com isso introduz uma exceção à regra da união exclusiva, exceção que Nietzsche propõe como necessária. Cabe considerar que somente quando uma relação amorosa é exclusiva, ou seja, organiza de modo totalizante a afetividade e a vida sexual dos parceiros, excluindo

12 Friedrich Wilhelm Nietzsche, *op. cit.*, 2000, p. 231.

quaisquer encontros extraconjugais, é que se passa a buscar uma companheira ou um companheiro ideal. Esse companheiro idealizado apresenta-se, para os amantes, como detentor de todas as qualidades que um homem busca em uma mulher ou vice-versa.

Ao considerar que a esposa não se prestará a ser "concubina", o autor admite a relação extraconjugal para fins de fruição sexual. Conforme dissemos, Nietzsche introduz assim a exceção na regra da união exclusiva vigente para a vida amorosa, seja naquela época, seja, com algumas transformações, nos dias de hoje. Mais ainda, o autor enfatiza o valor dessa exceção para a constituição de um casamento. Nas suas palavras: "Um casamento prova ser bom pelo fato de tolerar uma 'exceção'."[13] Na perspectiva nietzschiana, distante das idealizações do amor romântico, diferentes qualidades podem e devem ser buscadas em diferentes parceiros ou parceiras, como esposa e concubina, por exemplo, desobrigando assim os parceiros de reunir um conjunto extenso de características buscadas pelo outro, que convergem num único parceiro somente por obra da idealização.

Ao final desse aforisma, o autor faz uma avaliação das instituições sociais de sua época, que soa como uma advertência inclusive para a contemporaneidade: "Todas as instituições humanas, como o casamento, permitem apenas um grau moderado de idealização prática."[14] Eis aqui o "grau moderado de idealização prática" que ele assinalava nas relações amorosas e no casamento. Trata-se da impossibilidade de realização do ideal na prática, o que justifica o abandono do conjunto de exigências que o constitui.

13 Friedrich Wilhelm Nietzsche, *op. cit.*, 2000, p. 223.
14 Friedrich Wilhelm Nietzsche, *op. cit.*, 2000, p. 231.

Na contemporaneidade, assistimos a um crescente questionamento da regra da união exclusiva nos modos de amar. São conhecidas e admitidas as variações no contrato estabelecido entre os casais. Nestas, as exceções são admitidas, desde que de forma controlada. É o caso da prática denominada *swing*, ou seja, da troca de parceiros consentida entre dois casais. Podemos observar nos grandes centros urbanos, mas não somente neles, mutações na afetividade e no desejo que afetam segmentos cada vez maiores das populações. Há, então, um processo de experimentação em curso quanto à configuração das relações amorosas, processo esse que se dá num terreno já bastante distante do ideal do amor romântico.

É a partir desse ponto, no qual a idealização do amor e do casamento começa a mostrar-se na sua condição de inatingível, que a obra de Nietzsche ganha relevância para uma análise das relações amorosas na contemporaneidade. Podemos entrever que os modos de amar nos dias de hoje apresentam variações e estas tornam-se cada vez mais visíveis, sendo evidenciadas pela pluralidade de denominações referidas às práticas amorosas. Diferentes nomes para práticas também diferenciadas, o que só pode acontecer com o declínio da relação exclusiva e eterna que compõe o ideal do amor romântico.

Nietzsche vincula então o amor e o matrimônio ao erro e à penúria, aspectos que, por serem avaliados negativamente, não podem compor uma idealização: "Os matrimônios que são contraídos por amor têm o erro como pai e a penúria como mãe."[15] Assinalar que os casamentos por amor têm o erro como pai é uma forma de contra-indicar tal empreendimento. Já apontar a necessidade ou penúria como mãe é uma forma de desmistificar o amor, mostrando que coexistem a exaltação

15 Friedrich Wilhelm Nietzsche, *op. cit.*, 2000, p. 231.

dos ideais de amor e a satisfação das necessidades materiais. Aqui, a crítica ao ideal torna-se mais incisiva, pois chega a conjecturar outra base afetiva, que não o amor, na constituição de um relacionamento entre homem e mulher. E o que substituiria o amor? Surpreendentemente, Nietzsche introduz aqui a amizade: "O melhor amigo terá provavelmente a melhor esposa, porque o bom casamento tem por base o talento para a amizade."[16]

Nietzsche tematizou cada uma das principais características do amor romântico, mostrando sua vinculação com o ideal. Nessa perspectiva, seu olhar incide sobre a questão da temporalidade, ou seja, sobre a afirmação de que o amor romântico é eterno e que assim também deve ser o casamento. Desdobrando a sua inusitada consideração, de uma relação entre homem e mulher constituída pela amizade, Nietzsche vai indagar de que é feita uma relação ao longo do tempo, no seu dia-a-dia. Sua resposta mais uma vez soa desconcertante para os românticos. A vida de um casal é feita, ele nos diz, de conversação: "Ao iniciar um casamento, o homem deve se colocar a seguinte pergunta: você acredita que gostará de conversar com essa mulher até na velhice? Tudo mais no casamento é transitório, mas a maior parte do tempo é dedicada à conversa."[17]

Uma vez colocada em questão a análise do cotidiano do casal, o autor detém-se sobre a coabitação por parte dos cônjuges. Tal como sabemos, para o ideal do amor romântico, a vida dos amantes deve ser compartilhada de modo absoluto. Nessa direção, não se poderia considerar qualquer outra hipótese que não a coabitação. Nietzsche vai desvencilhar-se tam-

16 Friedrich Wilhelm Nietzsche, *op. cit.*, 2000, p. 219.
17 Friedrich Wilhelm Nietzsche, *op. cit.*, 2000, p. 224.

bém desse componente do amor ideal. Ele diz então que, ao contrário, a não-coabitação para o casal pode ser vantajosa para a relação. Considera então que: "Se os cônjuges não morassem juntos, os bons casamentos seriam mais comuns."[18]

Assim é que, ponto a ponto, a concepção que Nietzsche constrói sobre o amor distancia-se das práticas amorosas vigentes no período em que ele viveu e, em larga medida, ainda hoje. Nietzsche era um descrente do amor e entendia que se os casamentos se constituíssem sem ele talvez fossem melhores. Ele, ao que parece, se cansou dos excessos preconizados pelo amor romântico. De modo particular, aquele excesso de contato que a coabitação provoca pode, no seu entendimento, comprometer até mesmo a possibilidade de se estar juntos. Vejamos:

> Se vivemos próximos demais a uma pessoa, é como se repetidamente tocássemos uma boa gravura com os dedos nus: um dia teremos nas mãos um sujo pedaço de papel, e nada além disso. Também a alma de uma pessoa, ao ser continuamente tocada, acaba se desgastando; ao menos assim ela nos parece afinal – nós nunca mais vemos seu desenho e sua beleza originais – Sempre se perde no relacionamento íntimo demais com mulheres e amigos; às vezes se perde a pérola de sua própria vida.[19]

No excesso de contato, vivido exclusivamente, que nos embota a capacidade para estar com o outro, acolhê-lo na sua singularidade, eis onde Nietzsche situa a própria impossibilidade do amor. Ela é apenas decorrência da impossibilidade de realização do ideal, de qualquer ideal. Todavia, o amor romântico

18 Friedrich Wilhelm Nietzsche, *op. cit.*, 2000, p. 222.
19 Friedrich Wilhelm Nietzsche, *op. cit.*, 2000, p. 232-233.

sobrevive, não há qualquer dúvida. As questões que se colocam nos dias de hoje deixam entrever, por um lado, a incorporação de exceções às diferentes regras que incidem sobre os relacionamentos e isso havia sido vislumbrado por Nietzsche.

De outra parte, uma parcela considerável da população adquire consciência dos perigos do excesso e torna-se *célibataire* e assim se mantém durante sua vida. Multiplica-se, em todas as nacionalidades do mundo ocidental, o número dos que moram sozinhos, dos que não constituem família e nem mesmo coabitam com seus companheiros ou companheiras. Então, é como se as advertências nietzschianas quanto aos excessos preconizados pelo amor ideal ganhassem subitamente ressonância na contemporaneidade. Em diferentes espaços da vida em sociedade, observa-se um questionamento sobre os limites colocados para a vida individual. Questionamentos sobre a conveniência de se ter uma relação amorosa, marcada por um mínimo de continuidade, também se tornaram bastante presentes. Conjuntamente, assistimos a uma fragmentação bastante acelerada das relações já instituídas, casamentos legais ou de fato. Tudo isso vem, tal como Nietzsche fez em seus textos, atestar os limites da idealização amorosa e verificar as modestas possibilidades de realização desse projeto.

A análise dos modos de amor vigentes nos dias de hoje vai solicitar, no entanto, a compreensão de que, se declina um certo ideal de amor que orientou as gerações anteriores, nem por isso as idealizações saíram de cena no contexto da vida amorosa. Maria Rita Kehl descreve desta forma o cenário contemporâneo das relações amorosas no Brasil: "Fatores como realização pessoal e felicidade – amorosa, sexual – pesam mais na conservação (ou não) dos casamentos."[20] Temos, nesse fragmento, algumas indicações que nos permitem

20 Maria Rita Kehl. "Família do novo milênio: desestruturada ou reestruturada?"

assinalar, de modo categórico, o declínio de um certo ideal de amor, mas também sua substituição por outras construções idealizadas.

Partamos inicialmente da noção de felicidade, tão cara ao nosso senso comum e da qual se pode dizer que é a primeira e maior de todas as idealizações. Ela se enquadra, sem dificuldades, na caracterização do ideal proposto inicialmente: uma partilha da qual se exclui tudo que é avaliado negativamente. Dor e sofrimento, então, não figuram no ideal de felicidade. Se é ela, a felicidade, que orienta as escolhas amorosas, então ainda estamos no campo do ideal. Mas o que pode ser assinalado como característica contemporânea é que essa felicidade, além de amorosa é também sexual. E os efeitos da perseguição dessa modalidade diferenciada de ideal fazem-se sentir, hoje, nos contingentes populacionais. Assim, "o número dos casais 'experimentais', não regulamentados na igreja ou na justiça, cresceu (...) Ou seja, as pessoas continuam formando casais, mas apostam cada vez menos na indissolubilidade do vínculo."[21] E como toda experimentação comporta a possibilidade de ser interrompida, uma vez que os resultados obtidos estejam aquém do esperado, cresce também o número daqueles que seguem convivendo com as conseqüências das uniões anteriormente tentadas. Kehl assinala então que "Em contrapartida, hoje, o número de mulheres que se encontram sozinhas com filhos para criar vem aumentando, assim como a gravidez não programada entre adolescentes."[22]

Vale recordar que as idealizações se constroem sempre com expectativas projetadas sobre o outro, sobre a relação. Dessa forma, um dos componentes de subjetivação que hoje

21 Maria Rita Kehl, *op. cit.*
22 Maria Rita Kehl, *op. cit.*

se faz presente é, justamente, a frustração com as tentativas de atingir o ideal de amor vigente. Essa frustração, por sua vez, é vivida como decorrência da ação do outro, do companheiro ou companheira, que não atingiu as expectativas nele depositadas. Assim é que, no cenário contemporâneo das relações amorosas, ganha destaque também um certo tipo de ressentimento entre os gêneros, também ele uma herança das idealizações do amor.

Assim, uma avaliação diagnóstica das formas de amar que hoje vigoram coloca, como componente significativo no contexto psicossocial contemporâneo, a substituição do ideal do amor romântico por uma variação que chamamos de "ideal de amor sexuado". Os efeitos dessa nova metafísica do amor se fazem sentir, seja na iniciação sexual cada vez mais precoce, seja na incitação do sexo nos idosos, assim como na preocupação de todos e de cada um com suas respectivas "performances" sexuais.

Enfim, situamo-nos, no momento, em uma transição entre as formas mais tradicionais do amor romântico e a emergência de novas construções ideais. Essa passagem já nos permite vislumbrar quais serão nossos novos problemas, ligados a uma vida sexual que, além de ser solicitada a se colocar no centro da existência dos sujeitos, passa agora a ter papel estruturante nas relações amorosas e nos matrimônios. É nesse sentido que Kehl diagnostica mais um componente de subjetivação implicado com os modos de amar na contemporaneidade:

> Sentimo-nos desamparados porque a família deixou de ser uma sólida instituição para se transformar num agrupamento circunstancial e precário, regido pela lei menos confiável entre os humanos: a lei dos afetos e dos impulsos sexuais. Um mal-estar vem da dívida que nos cobramos ao comparar a família

> que conseguimos improvisar com a família que nos ofereceram nossos pais. Ou com a família que nossos avós ofereceram a seus filhos.[23]

A presença do ideal de amor sexual, essa caracterização que aqui construímos para compreender os modos de amar que se insinuam nos dias de hoje, pode ser observada em diferentes sociedades e culturas. Ela revela o formidável caráter plástico das idealizações. De fato, as transformações que o capitalismo contemporâneo coloca para os modos de amar não significaram o abandono dos ideais de amor. As mudanças ocorridas, podemos observar, assinalam, antes, a variação sobre as idealizações vigentes no amor. Chegamos ao ponto em que o próprio corpo, durante muito tempo excluído das idealizações, passa a ser incorporado por elas e a ser revestido de expectativas que não se realizam. Assim, está implicado no ideal de amor sexual um corpo, também ele, objeto de uma busca incessante por perfeição.

Nesse processo, é possível vislumbrar como a subjetividade contemporânea, apesar de atravessada por transformações profundas, mantém-se ainda no campo da metafísica, mesmo que esta venha a se realizar sobre o corpo, essa entidade física. A citação de Maria Rita Kehl nos permite perceber que as idealizações, ao se transformarem, operam mudanças nas instituições que por elas se orientam. Eis o que aconteceu e que ainda acontece com os modos de amar, bem como com a família na contemporaneidade: a incorporação do sexo no rol das expectativas idealizadas e a busca interminável pela realização dessa fantasia. Conforme admitiu Kehl, sexo e afeto são componentes bastante instáveis do nosso psiquismo e fazer deles a base

23 Maria Rita Kehl, *op. cit.*

para a edificação da instituição familiar nos levará a uma vida amorosa que, tal como os demais aspectos da existência nos dias de hoje, será marcada pela instabilidade e suas conseqüências. Se estranhamos a fragmentação e a desconstrução dos modos de relação até hoje vigentes, certamente, o futuro nos revelará mais e mais a incidência desses fatores, decorrentes, que são, da organização da vida social sobre a vida sexual.

REFERÊNCIAS BIBLIOGRÁFICAS

FOUCAULT, Michel. *Microfísica do poder.* 12 ed. Rio de Janeiro: Edições Graal, 1996.

KEHL, Maria Rita. "Família do novo milênio: desestruturada ou reestruturada"? Revista Aol, n. 7/7. Disponível em: www.aol.com.br. Acesso em: 10 de setembro de 2005.

NIETZSCHE, Friedrich Wilhelm. *Além do bem e do mal – prelúdio a uma filosofia do futuro*. São Paulo: Companhia das Letras, 1992.

__________. *Ecce homo – como alguém se torna o que é*. São Paulo: Companhia das Letras, 1995.

__________. *Humano, demasiado humano – um livro para espíritos livres.* São Paulo: Companhia das Letras, 2000.

__________. *O caso Wagner – um problema para músicos/Nietzsche contra Wagner – dossiê de um psicólogo*. São Paulo: Companhia das Letras, 1999.

O AMOR ROMÂNTICO E UM BREVE SOBREVÔO PELA MÚSICA POPULAR BRASILEIRA

SONIA REGINA VARGAS MANSANO

Eu sei que vou te amar,
Por toda a minha vida eu vou te amar
Em cada despedida eu vou te amar,
Desesperadamente eu sei que vou te amar.
E cada verso meu será
Pra te dizer
Que eu sei que vou te amar
Por toda a minha vida...[1]

E por aí começa a nossa breve viagem sobre algumas composições do amor romântico presentes na Música Popular Brasileira. Já de saída, deparamos com aquilo que constitui de maneira decisiva essa forma de amor, isto é, a idealização do parceiro e da relação – idealizações essas que se manifestam na busca de uma relação que seja capaz de abarcar a experiência da completude, a garantia da continuidade absoluta do encontro num dado formato, bem como a necessidade de que o desejo seja dirigido exclusivamente ao parceiro em questão e, nada mais, nada menos, que "por toda a vida". Qualquer des-

1 Vinicius de Moraes, *Eu sei que vou te amar*.

compasso nessa caracterização colocaria em risco tanto a relação romântica quanto, numa vertente mais radical, a vida dos parceiros envolvidos.

Apesar de ser datado do século XVIII, ainda hoje se compartilha amplamente a crença de que o amor romântico é a fonte indispensável para alcançar a felicidade. Ele é visto como algo acessível a todos. Supostamente conhecido, porém, apenas por alguns privilegiados que se deixam envolver por seus pressupostos, aderindo incondicionalmente a eles. O sacrifício, a exclusividade e a eternidade serviriam como um conjunto de ingredientes que funcionariam para promover uma fusão entre os amantes, por meio da qual não sobraria espaço para outros investimentos libidinais de qualquer tipo.

O projeto do amor romântico se instala nos encontros afetivos e sexuais com o objetivo de reduzir as diferenças que os atravessam – redução essa que busca transformar a relação numa unidade indiferenciada entre os parceiros. É justamente dessa pretensão de unidade, em que a apropriação da existência do outro tenta transformar duas vidas em uma, que se nutre o amor romântico.

Nessa busca, intercambiada pelas mais diferentes idealizações, o parceiro amoroso torna-se uma espécie de "provedor" que, sob essa ótica, precisa ser capaz de realizar as juras e as esperanças de felicidade permanentemente colocadas. Entretanto, como as histórias de vida seguem trajetos diferentes e inusitados, o "estado de felicidade" solicitado não só é variável de pessoa para pessoa, como também na trajetória de um único sujeito, fato que torna essa busca (pelo ideal) atravessada constantemente pela insatisfação. Mas, longe de provocar algum tipo de rachadura nessas expectativas, a insatisfação vivida aumenta ainda mais o leque de demandas e de sacrifícios que recai sobre si e sobre o outro em questão. E aí é Djavan quem canta:

Sabe lá
O que é não ter
E ter que ter pra dar
Sabe lá[2]

Além disso, pode-se dizer que faz parte da dinâmica do amor romântico a solicitação, permanentemente colocada, de que sejam dadas garantias sobre a continuidade da relação. Nesse sentido, qualquer ameaça de ruptura é vivida como perda do ideal que, por sua vez, pode desencadear uma espécie de pânico diante do desmoronamento daquele território amoroso conhecido. Busca-se principalmente a garantia de que a morte não se avizinhe da relação, num trabalho que visa a perpetuar o encontro naquele formato amoroso. Estamos, então, diante da tentativa de domesticação das forças que se fazem presentes em toda e qualquer relação (amorosa ou não), com vistas a manter sua continuidade, trabalhando para neutralizar os imprevistos e os acontecimentos. Mas essa tentativa é justamente o que mais destrói a vida relacional e impossibilita a sua expansão.

As demandas aparecem das mais diversas maneiras e com um conteúdo que geralmente se repete: 'faça-me feliz', 'seja como eu' ou, pelo menos, 'como eu espero'. E, quando qualquer diferença aparece (é inevitável), as expectativas se transformam em exigências explícitas de retorno ao modo de relação que vinha sendo vivido até então e, portanto, cada vez mais difíceis de serem realizadas na medida em que elas seqüestram o desejo do outro para ver realizados os próprios sonhos:

Entre por esta porta agora
E diga que me adora,

2 Djavan, *Esquinas*.

Você tem meia hora
Pra mudar a minha vida[3]

Cada um dos parceiros implicados em uma relação romântica serviria, conforme a canção, como uma espécie de tutor a quem é atribuído um superpoder, capaz de confirmar e de reforçar justamente aquilo que o outro quer e precisa escutar num determinado momento. O parceiro comparece então como um "remédio" capaz de curar as feridas narcíseas que, porventura, estejam sendo revisitadas. Nessas demandas, é a própria experiência do encontro com a alteridade que precisa ser sacrificada, pois, independentemente da disposição para responder às demandas colocadas, a dedicação à vida do outro, idealizada pelo amor romântico, é desejada como algo incondicional e onipresente, sendo considerada até mesmo como uma prova de amor.

Nesse ponto, já é possível questionar: existiria algum parceiro capaz de dar conta desse tipo de demanda que, por vezes, aparece de maneira tão evidente (como na música) e outras de maneira mais sutil, quase imperceptível, mas, certamente, muito convicta de seus objetivos? Existiria alguém capaz de responder a essas expectativas em uma relação amorosa, cujo exercício da diferença é inevitável justamente por envolver no mínimo duas histórias de vida que foram traçadas, até aquele momento, de maneiras diferentes?

É dessa demanda, sempre crescente, por uma sustentação narcísea em relação às próprias convicções (muitas vezes endurecidas) que cada um tem sobre si e sobre o mundo, que as tentativas de experimentar o amor romântico se desdobram em dramas ou até mesmo tragédias. Na convivência cotidiana e íntima, a existência do outro como um ser também desejan-

3 Adriana Calcanhoto, *Vambora*.

te acaba, nessa forma de funcionar, sendo desconsiderada. Mas, ainda assim, ela retorna em algum momento, provocando crises e estranhamentos.

Diante da quebra dos ideais do amor romântico, porém, tudo aquilo que, num dado momento, foi amplamente desejado enquanto uma continuidade infinita e eterna, passa a abrigar uma sensação de esvaziamento tal que pode, por sua vez, dar lugar ao ódio e ao ressentimento. Nos versos de Chico Buarque, podemos ver como se expressa esse esvaziamento:

> A Rita levou meu sorriso, no sorriso dela meu assunto,
> Levou junto com ela o que me é de direito
> Arrancou-me do peito e tem mais,
> Levou seu retrato, seu trapo, seu prato. Que papel!
> Uma imagem de São Francisco e um bom disco de Noel.[4]

Vemos aí que a perda do parceiro amoroso, enquanto objeto investido de maneira fusional, decreta também a morte de uma esfera significativa da vida do próprio sujeito, que se manifesta numa experiência de esvaziamento e de baixa intensidade. O ódio aparece e ganha forma na necessidade de manter próxima a lembrança do sofrimento vivido por ocasião do abandono – e isso não apenas por parte do sujeito em questão, mas também por aqueles que o cercam e aguardam o desfecho da relação. O ódio compartilhado, uma vez amargado e repetido, tende a transformar-se em ressentimento. Do ressentimento para as juras e atos de vingança é apenas um passo, e, novamente aí, é a própria existência que passa a depor contra a sua expansão, reduzindo-se à repetição de amargar uma forma de vida aprisionada nos afetos tristes de ódio e ressentimento. O compositor continua a mostrar os efeitos desse ressentimento:

4 Chico Buarque, *Rita*.

...A Rita matou nosso amor de vingança
Nem herança deixou
Não levou um tostão porque não tinha não
Mas causou perdas e danos
Levou os meus planos, meus pobres enganos
Os meus vinte anos, o meu coração
E além de tudo
Me deixou mudo o violão.[5]

Na ausência do outro, que era tido como parte constitutiva de si mesmo, ou seja, na medida em que se perde aquele em quem era depositada a responsabilidade por sustentar uma certa imagem de si, é a própria potência de vida que se esvai: somem os projetos, a intensidade da existência e as alegrias de uma juventude. Em seu lugar ganham espaço as perdas e danos. Ainda mais quando a relação se estendeu por aqueles anos que são considerados, por muitos, como a melhor fase da vida: a juventude. À medida que a relação termina, os momentos de intensa alegria[6] que, porventura, tenham sido vividos durante o tempo em que ela se sustentou de maneira desejante, podem ser avaliados como perda de tempo, visto que não culminaram com as expectativas de eternidade do amor romântico que se concretizam no casamento. Assim, é muito comum escutarmos depoimentos do tipo: "Ele passou cinco anos enrolando a moça e agora não quer casar". Nesse caso, é como se existisse um objetivo específico e central no encontro amoroso: a sua continuidade, independentemente daquilo que acontece no trajeto, que é sempre imprevisível e incontrolável e que, por isso mesmo, é habita-

5 Chico Buarque, *Rita*.

6 O termo "alegria" aqui é utilizado no sentido espinosano como um aumento de potência vivido nos encontros.

do por inúmeras possibilidades de mudanças de rumo ou por rupturas. E, novamente aqui, faz-se presente uma espécie de distribuição da culpa: dirigida ao próprio sujeito, ao parceiro ou aos outros, como se isso pudesse, de alguma maneira, cessar a dor. Anos da vida podem ser gastos na busca ressentida dos culpados ou em atos de vingança.

Daí uma face pouco considerada do amor romântico, que passa a ser tratado, então, como uma armadilha, nos versos de Djavan:

O amor é um grande laço
um passo pr'uma armadilha
um lobo correndo em círculo
Pra alimentar a matilha.
Comparo sua chegada
Com a fuga de uma ilha
Tanto engorda quanto mata
Feito desgosto de filha.[7]

Nessa caracterização, o amor romântico toma a forma de uma armadilha que envolve, absorve e coloca os amantes a trabalharem ativamente para sustentar os ideais e as convicções narcíseas de cada um dos lados, como que mediados por um pacto capaz de manter, mesmo que temporariamente, as ilusões de fusão e complementaridade absolutas. Isso, com o passar do tempo, tende a deixar de ser um pacto para se transformar numa maldição, pois, a convivência mais continuada vai, aos poucos, privando o sujeito do pretendido ideal e colocando em xeque cada uma de suas garantias.

Justamente por isso, alimentar essa dinâmica (que busca manter a ilusão de completude) exige um empenho redobrado dos parceiros e, qualquer distração ou, em outros termos,

7 Djavan, *Faltando um pedaço.*

qualquer mudança de direção que o desejo venha a tomar por falta de um controle mais rigoroso (mas também isso é uma ilusão fadada ao fracasso, visto que o acaso não é passível de um controle absoluto), compromete a continuidade do projeto fusional. Uma tal relação, tanto engorda quanto mata, e coloca seus protagonistas a correr em círculos, pois, uma vez que estamos no terreno do ideal, este inevitavelmente se desmancha para dar lugar a outros ideais ainda mais distantes, tornando a repetição da busca do ideal um fim em si mesma.

Numa dinâmica assim caracterizada, torna-se difícil considerar que a cada momento o parceiro amoroso comparece na relação diferentemente. Torna-se perigoso o fato de que é impossível saber de antemão o que emergirá em cada um dos sujeitos como forma de ser e, mais ainda, o que emergirá no encontro desses corpos, sempre em movimento. Nesse exercício, as relações amorosas colocam em evidência alguns riscos que vão muito além delas e que envolvem, já desde o nascimento, o simples fato de estar vivo. E as batalhas travadas não são poucas nem pequenas:

> O amor e a agonia
> Cerraram fogo no espaço
> Brigando horas a fio
> O cio vence o cansaço
> E o coração de quem ama
> Fica faltando um pedaço
> Que nem a lua minguando
> Que nem o meu nos seus braços[8]

8 Djavan, *Faltando um pedaço.*

Para além da grande morte da relação, aquela que é definitiva e, por isso mesmo, implica riscos para uma existência que depende do outro para se sustentar, quero ressaltar aqui as *pequenas mortes* que são cotidianamente vividas nos encontros amorosos. Estas vão acontecendo à medida que o ideal desejado e investido (que é amplamente difundido na esfera social como o melhor modo de se relacionar afetivamente) vai se desmanchando com a convivência, abrindo espaço para a manifestação dos parceiros reais, ou seja, de sujeitos que são diferentes, contraditórios, limitados e, principalmente, que nem sempre estão prontos e disponíveis para estar junto ou para servir como um provedor das expectativas do outro.

Faz parte de qualquer encontro, seja ele profissional, familiar, afetivo ou, no caso aqui abordado, do encontro amoroso, a existência de uma descontinuidade, de uma exterioridade entre os parceiros, ou seja, eles não podem ser reduzidos a um único ser. Cada vez que essa descontinuidade vital aparece, algo (nas expectativas, nas demandas e, em larga medida, nos ideais) se desmancha, morre ou toma uma outra configuração. São as *pequenas mortes cotidianas* que, apesar de, muitas vezes, serem vividas de maneira dolorosa, podem funcionar a favor da vida, tendo em vista que convocam os amantes a comparecerem diferentemente perante o outro enquanto durar o encontro. Com isso, a relação tem a possibilidade de manter-se num movimento renovador e aberto, sem que previamente seja traçado um caminho a ser seguido.

Contudo, o exercício da diferença, apesar de muito festejado, nem sempre é fácil de ser experimentado, pois exige justamente o reconhecimento do outro como alguém legítimo e construtor de uma vida singular: com seus desejos, seus projetos e suas ambições. Como a vida é múltipla, nem sempre essas diferenças podem ser compartilhadas ou vividas num projeto comum, a dois. Dar espaço para que a alteridade se faça presente em uma relação é justamente permitir que essas diferenças tenham outros espaços de expressão, ainda que não possam ser compartilhadas. E assim o outro possa permanecer um outro vivo, possa ser diferente.

Estamos diante então de um processo múltiplo e que está sempre aberto, sempre no meio. E como isso é difícil, principalmente, quando recebemos doses e doses cotidianas de promessas sobre as maravilhas de viver um amor romântico, fusional. Algo diferente dele causa bastante incômodo, já que explicita o imponderável e imprevisível do devir, presentes no encontro amoroso. Cartola expressa essa sensação quando canta:

> Esquece nosso amor,
> vê se esquece.
> Porque tudo no mundo acontece
> E acontece que já não sei mais amar.
> Vai chorar, vai sofrer
> E você não merece
> Mas isso acontece
> Acontece que meu coração ficou frio
> E o nosso ninho de amor
> Está vazio.[9]

Como o amor romântico está todo formatado na continuidade da relação, a ausência de uma explicação imediata para o seu esvaziamento torna-se insuportável. À medida que nos distanciamos desse caráter aberto, ou seja, da velocidade e da violência que são próprias das forças em guerra constituintes da existência, mais distante também ficamos do desafio de construir uma relação em outras bases que não aquela do amor

9 Cartola, *Acontece*.

romântico. Como então viver num mundo de encontros afetivos, que são naturalmente isentos de garantias e, nem por isso, deixar de experimentar tais encontros, tendo como mediador o terror e a exigência maníaca de continuidade?

Parece que é justamente aí que toma forma um desafio: o de manter uma proximidade com os movimentos do devir, ou seja, de enfrentar o medo daquilo que é inusitado para que o devir possa se reverter em uma fonte de experimentação, na qual a continuidade e a estabilidade do encontro não sejam colocadas como centrais e indispensáveis, mas o risco de viver e de amar possam ser vividos como fazendo parte da existência. É como se precisássemos lembrar o tempo todo que a vida, suas conexões e seus encontros são intensos, criadores, mas também finitos. E, nesse sentido, poder acolher as alegrias e tristezas que, porventura, venham a ser experimentadas nessa interface entre vida e morte que, por sua vez, é sempre irredutível a um de seus termos.

Mas, quando essas pequenas mortes cotidianas se acumulam e culminam com a separação do casal, também a morte física ou psíquica dos parceiros pode se configurar como um destino inevitável. A sensação de terror vivida pela proximidade desse risco é tamanha que pode, inclusive, ser suficiente para manter a relação, já esvaziada de sentido e de desejo, se arrastando por anos a fio na tentativa de manter aquele fantasma de morte distante. Entretanto, essas mesmas tentativas tornam-se ainda mais nocivas e mais mortíferas para aquelas existências.

Alfredo Naffah Neto[10] nos mostra as implicações que a separação pode trazer para uma relação construída de maneira absoluta no terreno do amor romântico. Tal rompimento exigiria dos

10 Discussão realizada por ocasião do Seminário *Interlocuções Clínicas* ministrado pelo prof. dr. Alfredo Naffah Neto no decorrer do segundo semestre de 2004 no Programa de Psicologia Clínica da PUC/SP.

parceiros uma grande "envergadura psíquica"[11]. Esta implica a capacidade de suportar e acolher a dor da separação, mas também de sustentar as sensações confusas, ora de impotência, ora de potência, decorrentes desse acontecimento. Ir, aos poucos, produzindo um sentido para a experiência de rompimento vivida exige uma certa distância daquelas expectativas compartilhadas, bem como das acusações (que recaem sobre si e sobre o outro). A envergadura está em poder vivenciar, de maneira mais direta, a morte daquela parte da própria vida que fenece junto com a relação e que, por certo tempo, não pode ser expressa em palavras.

Entretanto, quem é capaz de uma tal aproximação com a morte, segundo Naffah, dificilmente estará tão preso à expectativa de completude por meio de uma relação amorosa totalizante e, nesse caso, já não se estaria tão imerso nos preceitos idealizados do amor romântico, tal qual caracterizado no início.

Tarefa nada fácil num tempo histórico que difunde as mais variadas formas de evitar a dor, principalmente, por meio da sedação dos corpos, seja pela via medicamentosa ou pelo consumo desenfreado de formas de vida idealizadas, cujas promessas de felicidade, apesar de nunca serem cumpridas, são absorvidas e permanentemente substituídas por outras, supostamente mais eficientes.

Quando a intolerância à dimensão finita dos encontros em suas múltiplas nuances – que envolvem aquilo que chamamos de pequenas mortes cotidianas com os seus estranhamentos e incômodos – é muito exacerbada, ela pode vir a decretar uma ruptura precoce da relação, ainda mais quando essa relação está atravessada pelas mais diversas idealizações. E aí:

São tantas coisinhas miúdas
Roendo, comendo
Arrasando aos poucos o nosso ideal.

11 Alfredo Naffah Neto. *Outr'em-mim: ensaios, crônicas, entrevistas*, p. 62.

São frases perdidas no mundo
De gritos e gestos
Num jogo de culpa que faz tanto mal.[12]

Na tentativa de preservar a imagem de um ideal almejado e investido libidinalmente, perde-se a possibilidade de viver o real possível, sem sequer experimentar a relação, naquilo que ela tem de potencialidade para vir a se afirmar. Naffah nos mostra então que:

> aceitar a vida tal qual ela é implica, necessariamente, aceitar a morte como a sua contraparte necessária. Por outro lado, é somente essa reconciliação com o sentido pleno do viver – vida que se desdobra em morte, perda, destruição, com todas as dores que isso comporta e implica – que pode produzir a forma mais alta do que chamamos amor.[13]

Essa forma de amor pelo outro e pela vida implica o acolhimento da relação com aquilo que ela tem de finito (enquanto modo de funcionar e de comparecer perante o outro), sem que a finitude absoluta da relação precise ser decretada precocemente.

É próprio do humano gritar ou protestar diante da experiência da dor e da morte. Mas daí a viver como se elas não existissem, construindo um mundo de ilusões que serviria como uma defesa para negar a sua existência, passa a colaborar com o seu próprio esfacelamento, cuja interface com a morte é inegável.

Como já dissemos, essa forma de amor não é prerrogativa das relações amorosas. Ela ajuda a dimensionar o amor para com a vida numa esfera ainda mais ampla. Assim, mais adiante, Naffah complementa: "Há, entretanto, uma forma mais elevada de amor que Nietzsche designa como *amor fati* (= amor

12 Gonzaga Jr., *Grito de alerta.*
13 Alfredo Naffah Neto, *op. cit.*, p. 62.

ao destino), no qual a experiência de amar abarca a própria *vida*, na sua efetividade."[14] Trata-se de uma vida que é indissociada da sua dimensão finita e que nem por isso faz da morte seu objetivo maior. Ao contrário, ao considerar vida e morte como componentes indissociáveis do mesmo devir criador é que o sofrimento e a dor, decorrentes dos encontros, podem ser vividos em toda a sua intensidade, de maneira a otimizar ainda mais o amor pela expansão da existência, visto que para expandir, muitas vezes, é preciso também matar e morrer.

Pode ser que pronunciar as palavras de Vinicius de Moraes já tenha se tornado algo corriqueiro no cotidiano dos amantes. Mas, diante de um tempo histórico que hipervaloriza o amor romântico como algo possível para todos – porém acessível apenas a alguns privilegiados que teriam uma suposta competência para vivê-lo – fica mais amargo pronunciar e, mais do que isso, se aventurar pelo inesperado e imprevisível caminho das relações amorosas não pautadas pelo amor romântico.

Terminamos nosso breve sobrevôo recorrendo, mais uma vez, à poesia daquele que abriu essa viagem e que, de maneira ousada, convida cada um a viver um encontro no qual:

> Eu possa me dizer do amor (que tive):
> Que não seja imortal, posto que é chama
> Mas que seja infinito enquanto dure.[15]

REFERÊNCIAS BIBLIOGRÁFICAS

NAFFAH NETO, Alfredo. *Outr'em-mim: ensaios, crônicas, entrevistas*. São Paulo: Plexus, 1998.

14 Alfredo Naffah Neto, *op. cit.*, p. 62-63.
15 Vinicius de Moraes, *Soneto da fidelidade*.

OS AUTORES

ALFREDO NAFFAH NETO é psicanalista, mestre em Filosofia pela USP, doutor em Psicologia Clínica pela PUC/SP, professor titular da PUC/SP no Programa de Estudos Pós-graduados em Psicologia Clínica, autor de vários livros e artigos sobre psicanálise e música.

CARLOTA MARIA OSWALD VIEIRA ZILBERLEIB, psicóloga clínica, acompanhante terapêutica, mestre em Psicologia Clínica pela PUC/SP.

DORLI KAMKHAGI, psicóloga, psicanalista, mestre em Gerontologia, doutoranda em Psicologia Clínica pela PUC/SP, coordenadora de grupos do amadurecimento do Hospital das Clínicas de São Paulo.

JUDITH VERO, psicóloga clínica, mestre e doutoranda em Psicologia Clínica pela PUC/SP, autora do livro *Alma estrangeira: pequenas histórias de húngaros no Brasil – Processos identitários*, Ágora, 2003.

LEONARDO LUIZ, psicólogo, psicanalista, músico, mestre em Psicologia Clínica pela PUC/SP, docente na graduação do Instituto Unificado Paulista, Faculdade Sumaré, Senac/SP, onde atua também na pós-graduação, autor do livro *Vitrola psicanalítica - Canções que tocam na análise*, Via Lettera, 2005.

PAULO ROBERTO DE CARVALHO, docente do Departamento de Psicologia Social e Institucional da Universidade Estadual de

Londrina, mestre em Psicologia Social, doutor em Psicologia Clínica pela PUC/SP.

SONIA REGINA VARGAS MANSANO, docente do Departamento de Psicologia Social e Institucional da Universidade Estadual de Londrina, mestre e doutoranda em Psicologia Clínica pela PUC/SP, autora do livro *Vida e profissão: cartografando trajetórias*, Summus, 2003.

VALÉRIA SANCHEZ SILVA, psicóloga clínica, especialista em Cinesiologia pelo Instituto Sedes Sapientiae/SP, docente na graduação do Instituto Unificado Paulista, professora de Mitologia do Instituto Sedes Sapientiae (extensão), mestranda em Psicologia Clínica pela PUC/SP, autora do livro *Ao passar das caravanas ciganas*, Zeida, 1995.

VERA CANHONI, psicóloga, psicanalista, mestre em Psicologia Clínica pela PUC/SP.

dobre aqui

Carta-resposta

2146/83/DR/SPM
Summus Editorial Ltda.

CORREIOS

CARTA-RESPOSTA
NÃO É NECESSÁRIO SELAR

O SELO SERÁ PAGO POR

grupo editorial summus

AC AVENIDA DUQUE DE CAXIAS
01214-999 São Paulo/SP

dobre aqui

recorte aqui

EDITORA ÁGORA

CADASTRO PARA MALA-DIRETA

Recorte ou reproduza esta ficha de cadastro, envie completamente preenchida por correio ou fax, e receba informações atualizadas sobre nossos livros.

Nome: ______________________ Empresa: ______________________
Endereço: ☐ Res. ☐ Coml. ______________________ Bairro: ______________________
CEP: ________-______ Cidade: ______________________ Estado: ______ Tel.: ( ) ______________________
Fax: ( ) ______________________ E-mail: ______________________ Data de nascimento: ______________________
Profissão: ______________________ Professor? ☐ Sim ☐ Não Disciplina: ______________________

1. Você compra livros:
☐ Livrarias ☐ Feiras
☐ Telefone ☐ Correios
☐ Internet ☐ Outros. Especificar: ______________________

2. Onde você comprou este livro?
____

3. Você busca informações para adquirir livros:
☐ Jornais ☐ Amigos
☐ Revistas ☐ Internet
☐ Professores ☐ Outros. Especificar: ______________________

4. Áreas de interesse:
☐ Psicologia ☐ Saúde e Vivências
☐ Crescimento interior ☐ Depoimentos
☐ Astrologia ☐ Comportamento

5. Nestas áreas, alguma sugestão para novos títulos?
____
____

6. Gostaria de receber o catálogo da editora? ☐ Sim ☐ Não
7. Gostaria de receber o Ágora Notícias? ☐ Sim ☐ Não

Indique um amigo que gostaria de receber a nossa mala-direta

Nome: ______________________ Empresa: ______________________
Endereço: ☐ Res. ☐ Coml. ______________________ Bairro: ______________________
CEP: ________-______ Cidade: ______________________ Estado: ______ Tel.: ( ) ______________________
Fax: ( ) ______________________ E-mail: ______________________ Data de nascimento: ______________________
Profissão: ______________________ Professor? ☐ Sim ☐ Não Disciplina: ______________________

Editora Ágora
Rua Itapicuru, 613 7° andar 05006-000 São Paulo - SP Brasil Tel.: (11) 3872-3322 Fax: (11) 3872-7476
Internet: http://www.editoraagora.com.br e-mail: agora@editoraagora.com.br

cole aqui